Zauberhafter HÄKEL GARTEN

100 Blüten und Blätter für
Collagen und Applikationen

CHRIS NORRINGTON

Weltbild

Inhalt

Vorwort	4
Material und Werkzeug	10
Collagen	12
Waldfreuden	14
Frühlingserwachen	24
Bauerngarten	34
Nostalgisches Blau	44
Mittsommertraum	54
Blumenwiese	64
Terrakotta-Topf	74
Feldblumenstrauß	84
Herbstkranz	94
Winterzauber	104

Techniken	114
Allgemeine Informationen (Abkürzungen, Zeichenerklärung)	116
Häkelmaschen	117
Zierstiche	121
Weitere Techniken	122
Lassen Sie sich inspirieren!	124
Die Autorin	126
Dank der Autorin	126
Register	127

Vorwort

Zwei meiner Lieblingsbeschäftigungen sind Gartenarbeit und Häkeln, und beim Schreiben dieses Buches konnte ich beides verbinden. Für das Gärtnern und den Anbau von Pflanzen habe ich mich schon in frühester Jugend interessiert. Als Kind bekam ich ein Tütchen mit Schleifenblumensamen, und ich erinnere mich noch an meine Freude, als daraus tatsächlich Blumen wuchsen. Von da an ließ mich die Begeisterung nicht mehr los, und sie wurde durch das ausgezeichnete Vorbild meiner Eltern und besonders meiner Großeltern – allesamt leidenschaftliche Gärtner – sehr gefördert. Heute habe ich das Glück, am Rand des wunderschönen Nationalparks North York Moors einen Garten mein Eigen zu nennen, in dem ich nach Herzenslust Blumen, Obst und Gemüse anbauen kann. Die Farben, Formen und Strukturen im Garten sind eine ständige Quelle der Inspiration und liefern mir die meisten Ideen für meine kreative Arbeit.

Die Farben, Formen und Strukturen im Garten sind eine ständige Quelle der Inspiration und liefern mir die meisten Ideen für meine kreative Arbeit.

Damit kommen wir zum Thema Häkeln in dieser Geschichte! Ich war immer eine Strickerin, seit mir meine Großmutter diese Technik beigebracht hat, als ich sieben Jahre alt war. Vor zehn Jahren entdeckte ich eine farbenfrohe Häkeldecke aus Granny-Squares auf einem Flohmarkt in der Nähe und war fasziniert. Da beschloss ich, dass es nun an der Zeit wäre, mir das Häkeln beizubringen. Es sollte der Beginn einer wundervollen kreativen Reise für mich werden, während der ich nicht nur neue Fertigkeiten lernte, sondern unterwegs auch neue Freundschaften schloss. Als ich die Grundmaschen beherrschte, begann ich, immer neue Anwendungsmöglichkeiten für das Häkeln zu finden.

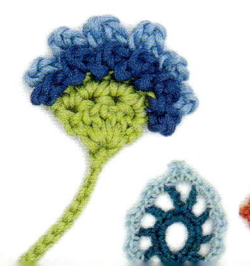

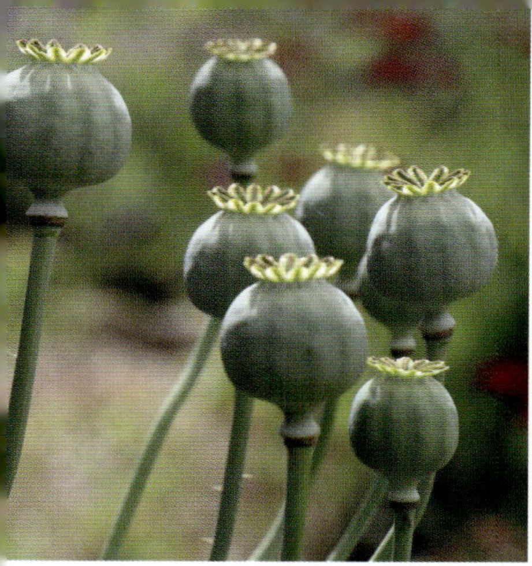
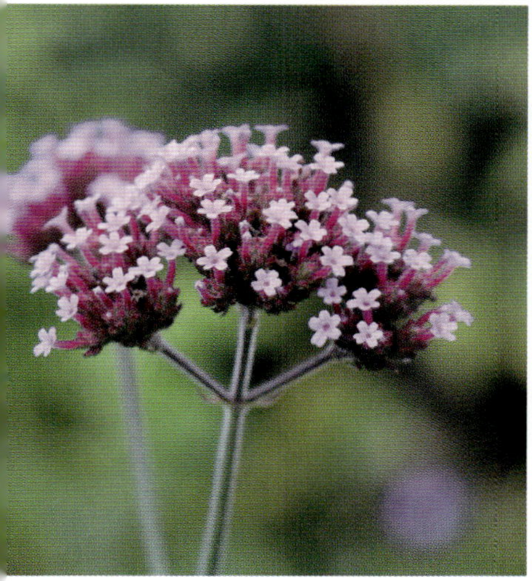
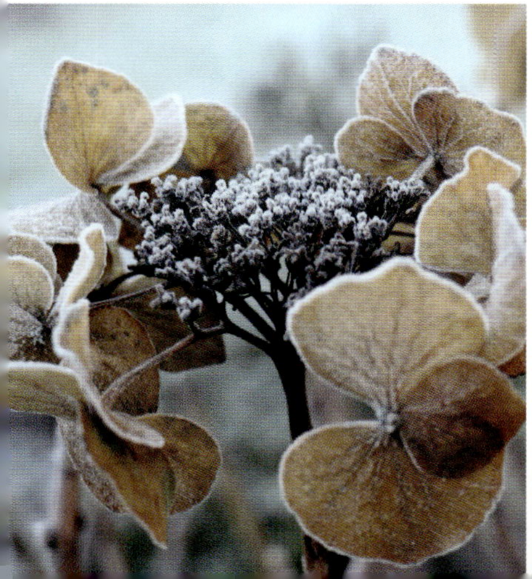
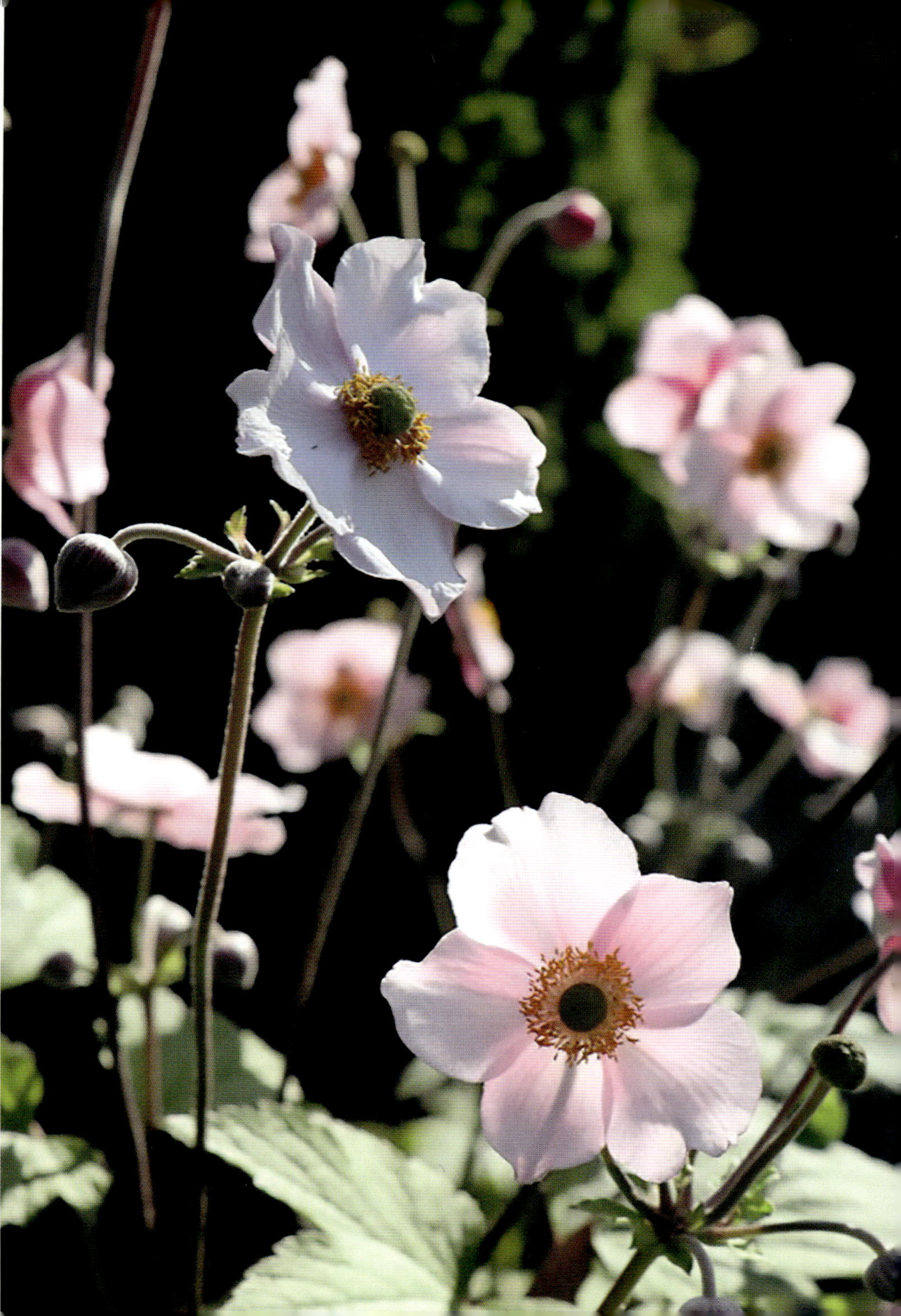

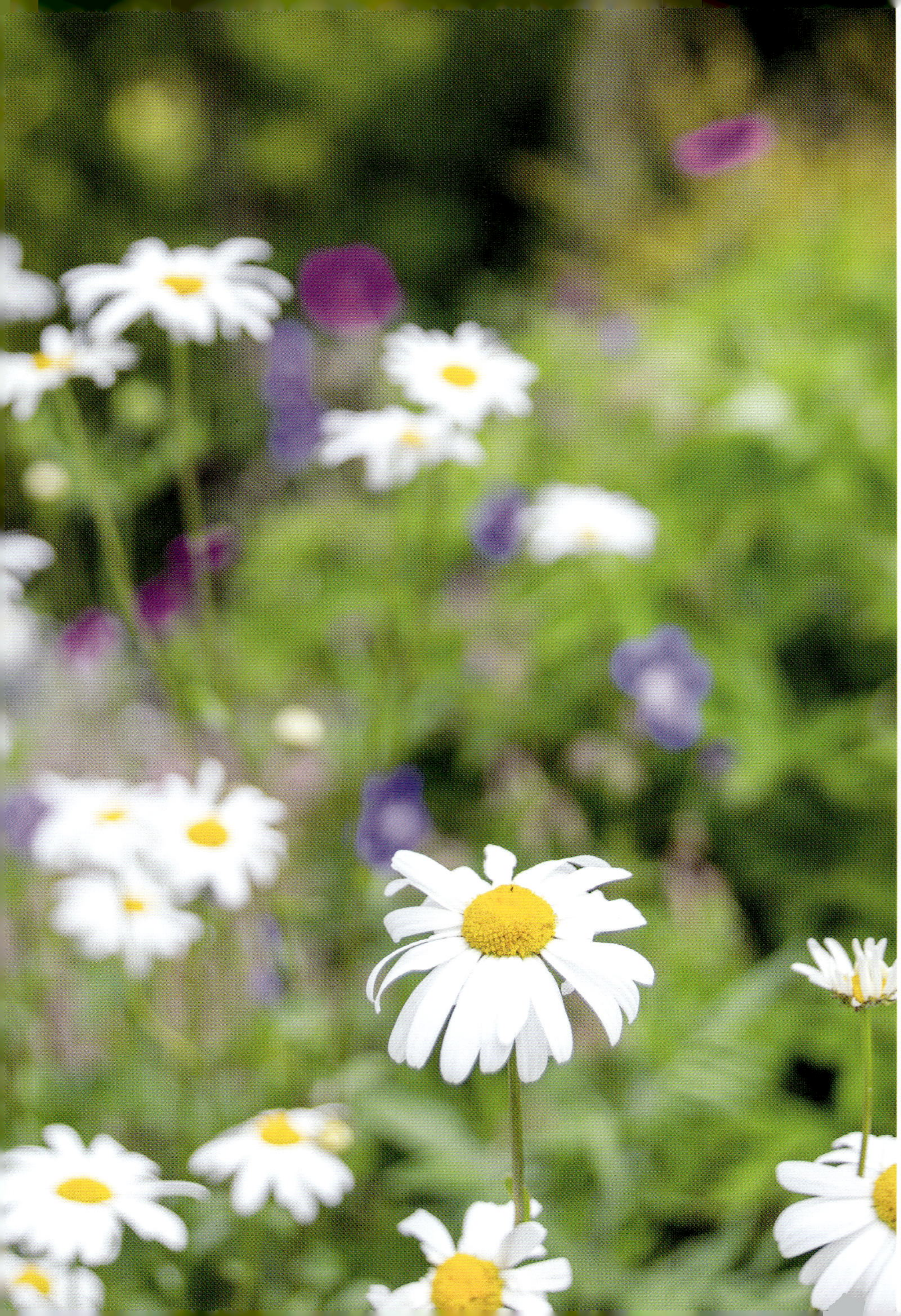
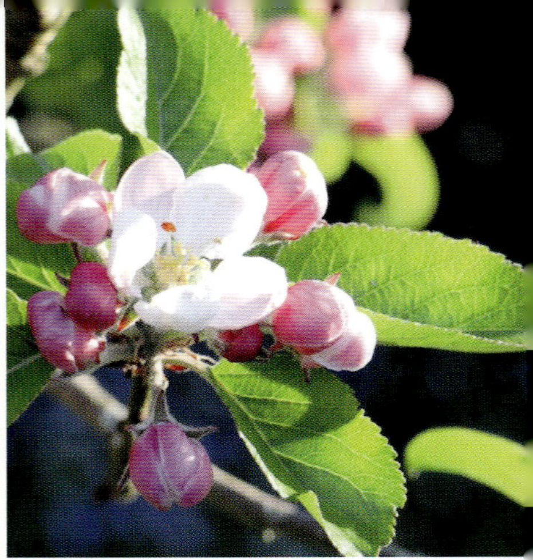
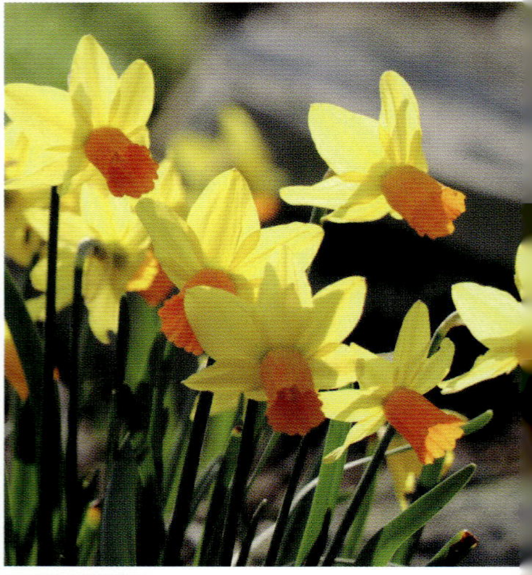
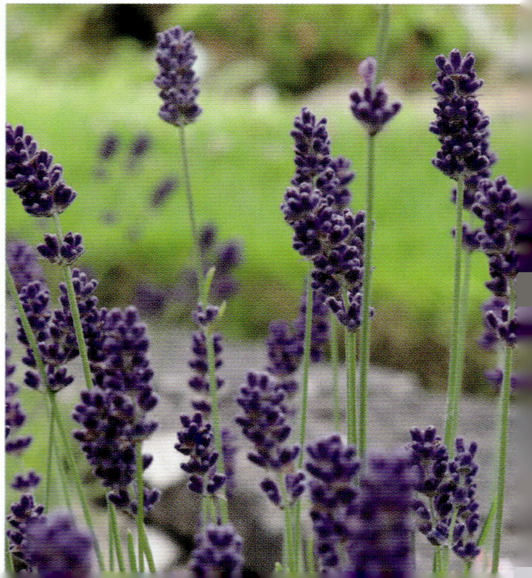

Meine Liebe zum Gärtnern führte unweigerlich zu dem Wunsch, Blüten und Blätter häkeln zu wollen, und ich begann, sie zu Bildern oder Collagen zu arrangieren. Auch hier liegen die Wurzeln in meiner Kindheit, glaube ich. Ich habe immer gern mit diesen kleinen Filzformen gespielt, die wie von Zauberhand auf einer Hintergrundplatte „klebten" und mit denen sich zahllose Szenen gestalten ließen. Nun mache ich dasselbe mit Häkelformen. Ich habe einen Instagram-Account eingerichtet, um meine Häkelkreationen mit anderen zu teilen, und eine ganz neue Häkelgemeinschaft gefunden.

Meine Liebe zum Gärtnern führte unweigerlich zu dem Wunsch, Blüten und Blätter häkeln zu wollen, und ich begann, sie zu Bildern oder Collagen zu arrangieren.

Dieses Buch enthält zehn Häkelcollagen aus jeweils zehn unterschiedlichen Motiven, zu denen mich mein Garten auf die eine oder andere Weise inspiriert hat. Sie folgen grob dem Ablauf der Jahreszeiten in meinem Teil der Welt und repräsentieren damit ein Jahr in meinem Garten in Yorkshire von den ersten Frühlingsblühern bis zu den mit Raureif überzogenen Blättern im Winter. In manchen Blüten und Blättern werden Sie echte, naturgetreue Pflanzenarten erkennen, aber viele sind der Fantasie entsprungen und basieren nur locker auf Formen oder Farben, die ich in meinem Garten gefunden habe – ohne den Anspruch auf botanische Genauigkeit. Neben der üblichen Frontansicht von Blüten habe ich einige Anleitungen für Blumen in Seitenansicht, halb geöffnete Blüten, Knospen, Samenstände, Beeren und Pilze mit aufgenommen. Außerdem finden Sie hier eine große Vielfalt an Laub von einzelnen Blättern über belaubte Stängel bis zu Farnwedeln und Gräsern. Die Möglichkeiten, die Motive zu verwenden und zu kombinieren, sind grenzenlos, und ich hoffe, dieses Buch wird Ihnen viele glückliche und kreative Stunden bescheren.

In manchen Blüten und Blättern werden Sie echte, naturgetreue Pflanzenarten erkennen, aber viele sind der Fantasie entsprungen und basieren nur locker auf Formen oder Farben, die ich in meinem Garten gefunden habe.

Neben der üblichen Frontansicht von Blüten habe ich einige Anleitungen für Blumen in Seitenansicht, halb geöffnete Blüten, Knospen, Samenstände, Beeren und Pilze mit aufgenommen.

Material und Werkzeug

Garne

Fasern

Ich verwende am liebsten Garne aus Naturfasern für meine botanischen Motive. Die unterschiedlichen Strukturen lassen sich effektvoll einsetzen, um die charakteristischen Eigenschaften bestimmter Pflanzen besonders genau wiederzugeben.
Ich mag das klare Maschenbild und die Textur von Baumwollhäkelgarnen, die in einer fantastischen Farbauswahl erhältlich sind.
Fasern wie Alpaka oder Mohair eignen sich perfekt dazu, leicht flauschige Strukturen zu erzielen. Merzerisierte Baumwollhäkelgarne haben einen hübschen Glanz, der das Licht reflektiert, und sind deshalb eine gute Wahl für Blütenblätter. Reine Woll- und Alpakagarne verfügen über eine natürliche Elastizität und rollen sich leicht ein, was man sich beim Häkeln von Blüten zunutze machen kann, denn so wellen sich die Blütenblätter ganz natürlich und wirken besonders plastisch.
Manchmal verarbeite ich zwei Garne mit unterschiedlicher Textur zusammen, beispielsweise ein vierfädiges Baumwollhäkelgarn für Form und Stabilität mit einem sehr zarten, feinen Mohairgarn für den Flauscheffekt. Es macht Spaß, zu experimentieren und verschiedene Kombinationen auszuprobieren, um zu sehen, was am besten funktioniert und mit welchen Garnen man selbst am liebsten arbeitet.

Natürlich liegt die Wahl der Garne ganz in Ihrem eigenen Belieben: Sie können die Motive mit Ihren Lieblingsfasern und Garnmarken nacharbeiten.

Garnmengen

Für die meisten Projekte wird nur sehr wenig Garn benötigt, deshalb habe ich keine Garnmengen angegeben. Diese Motive bieten sich hervorragend an, um kleinste Garnreste aufzubrauchen. Ich habe einen Korb voller winziger Knäuelchen aus Garnresten von anderen Projekten, und daraus bediene ich mich, wenn ich ein paar Blüten häkeln will.

Häkelnadeln

Ich verwende Häkelnadeln von Clover mit sehr bequemen Griffen, denn ich finde, dadurch verkrampfen sich meine Hände weniger, wenn ich viele kleine, komplizierte Teile häkle. Es gibt aber auch viele andere Arten von Häkelnadeln auf dem Markt.

Ich habe jeweils die Garne und die Häkelnadelstärke angegeben, mit denen ich gearbeitet habe. Wenn Sie möchten, können Sie also die Collagen originalgetreu nacharbeiten. Diese Angaben sind jedoch nur Beispiele und kein Muss. Sie können alle Garne verwenden, die Ihnen zur Verfügung stehen, aber achten Sie darauf, dass die Stärke der Häkelnadel zu der des gewählten Garns passt.

Ein paar Worte zu Größe und Maßstab

Welches Garn und welche Häkelnadel Sie verwenden, entscheidet über die Größe des fertigen Motivs, deshalb sind keine Maße angegeben. Bei diesem Beispiel habe ich dasselbe Blattmotiv (es stammt aus der Winterzauber-Collage) mit verschiedenen Garnen und der jeweils passenden Häkelnadelstärke von 6 mm bis 2,5 mm gehäkelt. Sie können eine ganze Collage aus voluminösem Garn mit einer dicken Häkelnadel als Wandbehang arbeiten. Alternativ können Sie aber auch eine Miniaturcollage mit Motiven aus feinstem Häkelgarn mit einer winzigen Häkelnadel gestalten. Es liegt ganz an Ihnen – viel Spaß beim Experimentieren!

6 mm Extradickes Garn   4 mm Arangarn   3,5 mm 4-fädiges Garn   3 mm Sockengarn   2,5 mm Stickgarn

MATERIAL UND WERKZEUG

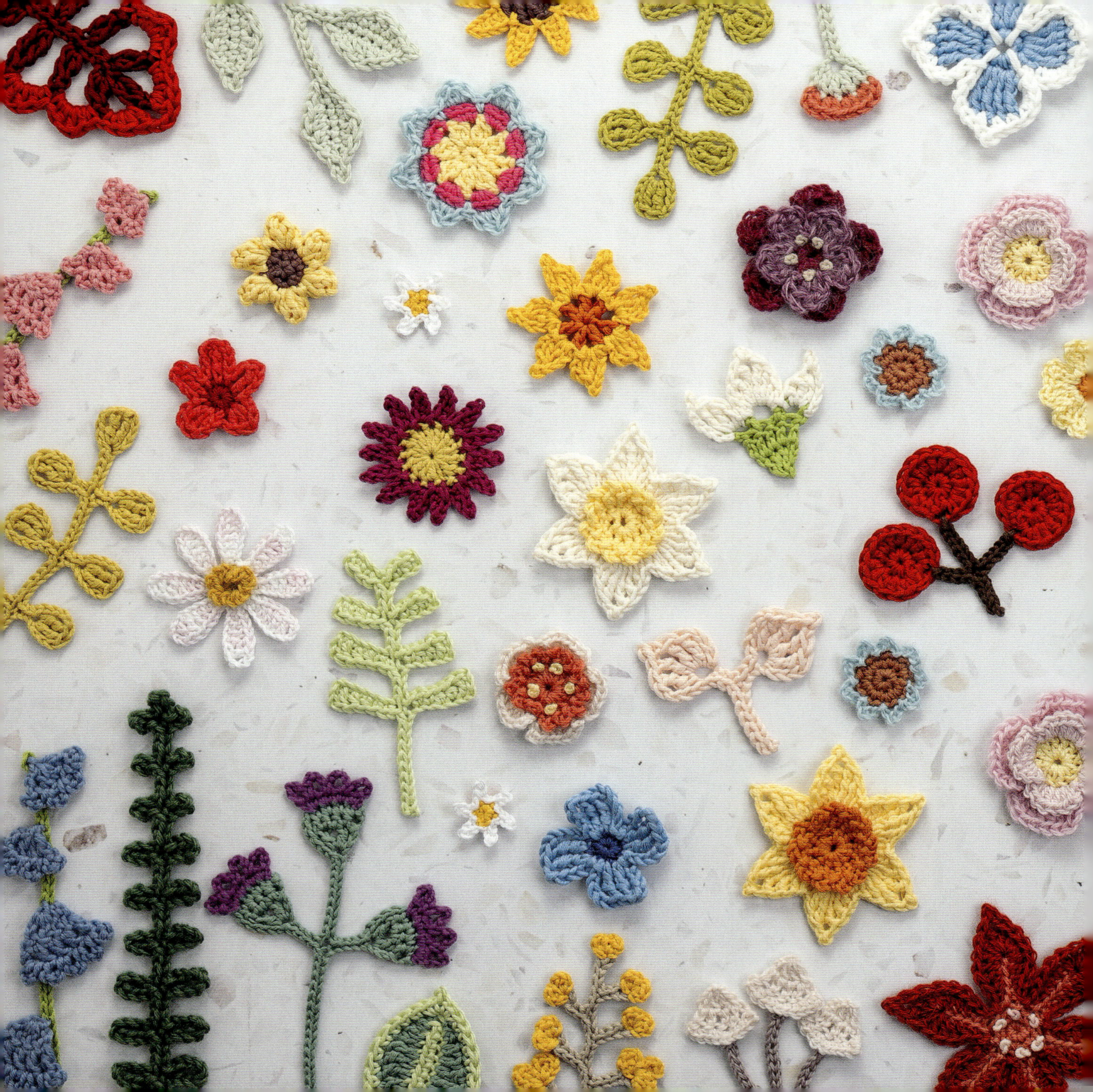

Collagen

Waldfreuden

Die Inspiration für diese Collage lieferte eine schattige Ecke in meinem Garten, die immer wieder von der Sonne gestreift wird. Im Spätwinter beginnen die dunkelgrünen Triebe und die eleganten weißen Blüten der ersten Schneeglöckchen ans Licht zu drängen, kurz darauf gefolgt von den hellgelben Blüten der Schlüsselblumen. Im feuchten Schatten gedeihen Farne prächtig, und es ist immer eine Freude zu sehen, wie sich ihre Wedel langsam entrollen, sobald die Tage allmählich länger und wärmer werden. Kleine Veilchen spitzeln schüchtern unter Holzstapeln hervor, und ganze Büschel kleiner, blasser Stockschwämmchen tauchen hier und da auf. Hübsche Lenzrosen *(Helleborus)* in Hellgrün und Altrosa heißen den Frühling willkommen. Efeuranken winden sich an Baumstümpfen in Richtung Licht, und Flecken grün gesprenkelter Flechten wachsen zwischen bemoosten Baumwurzeln. Wenn die Sonne im Frühjahr zwischen den Blättern hindurchscheint, ist dieser kleine Winkel des Gartens wirklich zauberhaft.

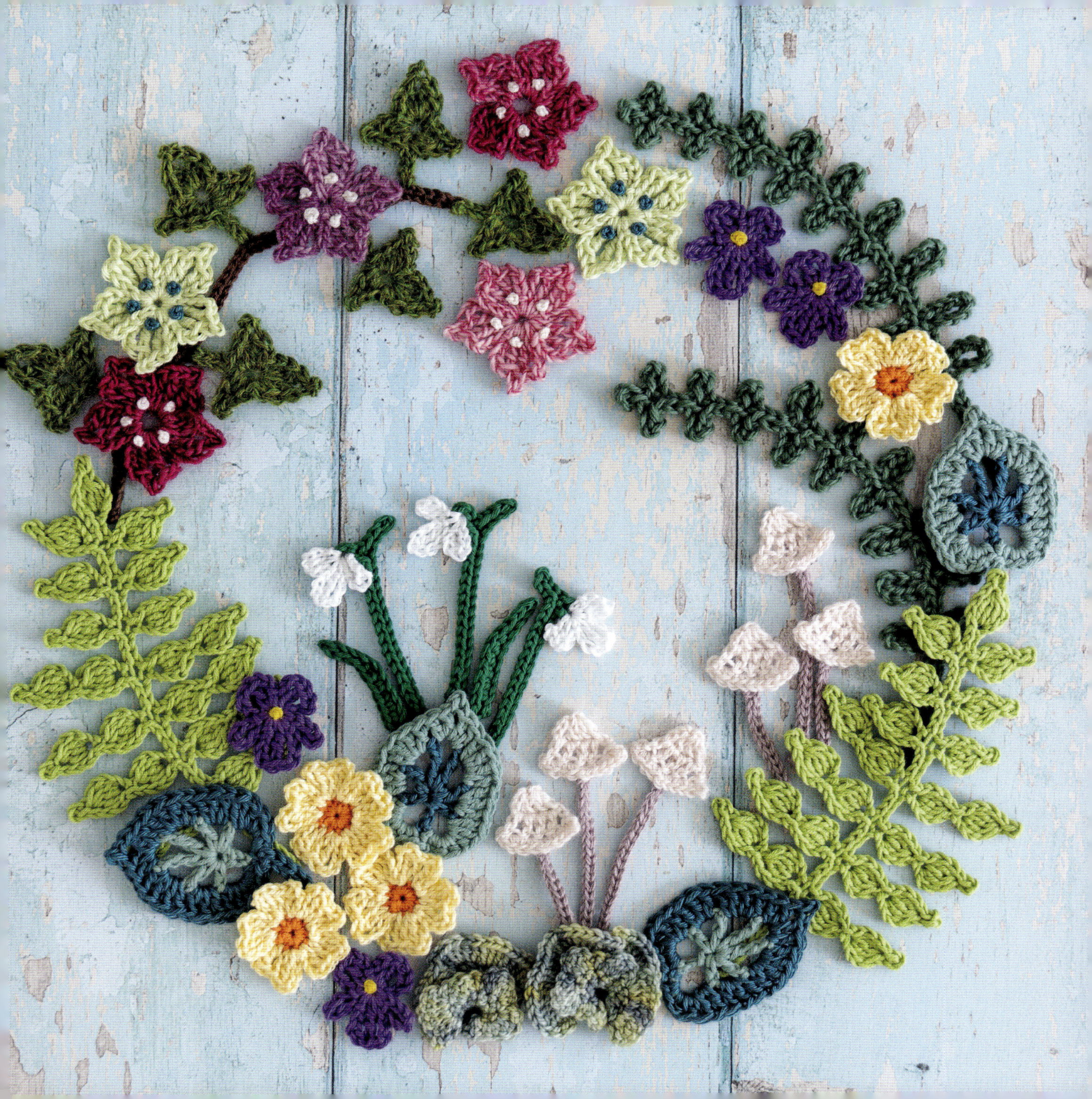

DIE MOTIVE

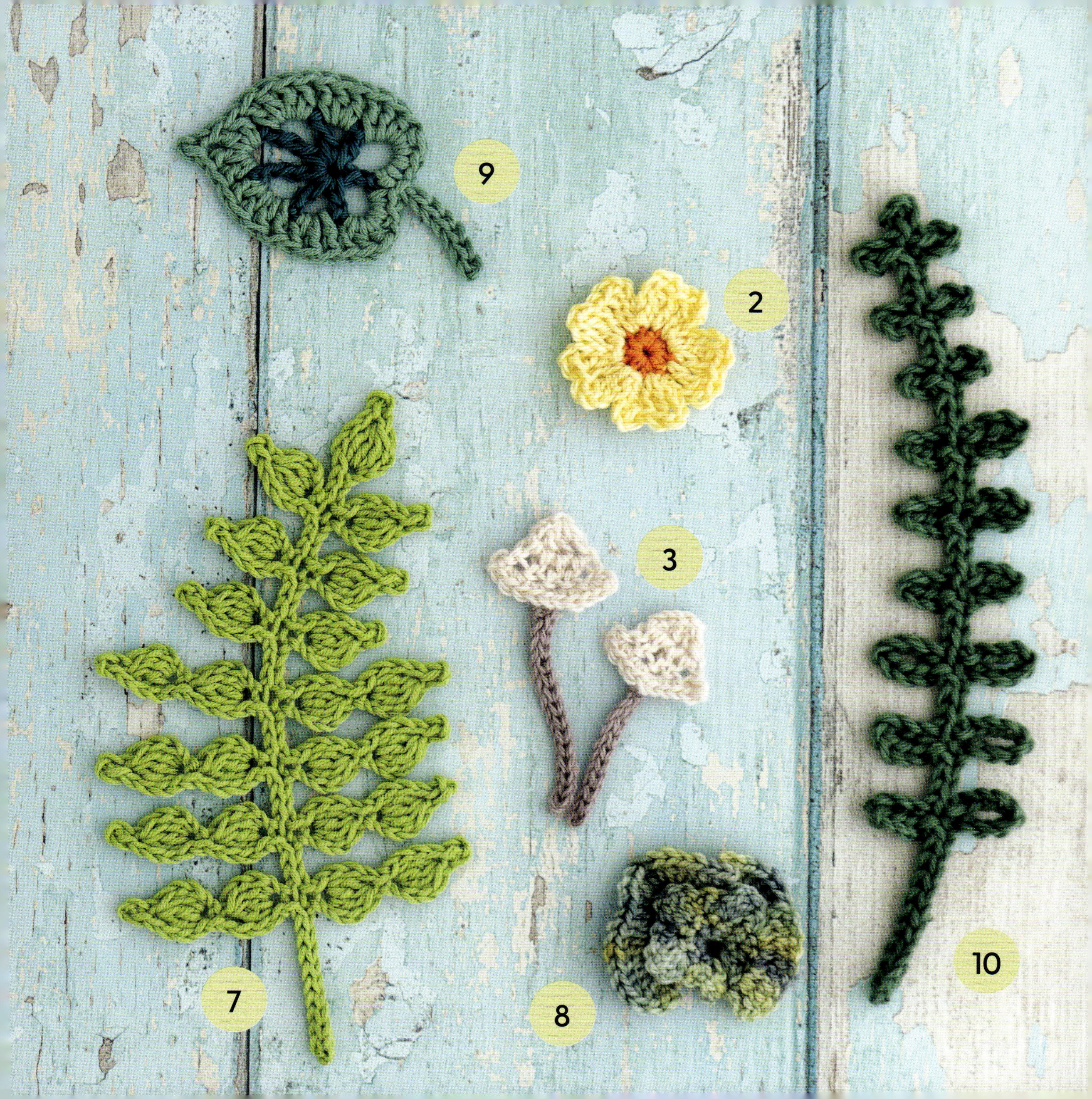
9
2
3
7
8
10

1

Material
+ **Garn A:** Drops Safran (100 % Baumwolle; LL 160 m/50 g)
+ **Garn B:** Drops Alpaca (100 % Alpaca; LL 167 m/50 g)
+ Häkelnadel 3 mm

Stängel
Mit Garn A (Braun) Lm bis zur gewünschten Länge arb, 1 Lm übergehen, dann 1 Km in jede Lm arb. Garn A abschneiden und sichern.

Blatt
Mit Garn B (Grün) von der rechten Seite der Arbeit aus 1 Km an der Stelle in den Stängel arb, an der ein Blatt platziert werden soll.
1. Runde: 10 Lm, 6 Lm übergehen, die Lm-Kette mit 1 Km in die 7. Lm zum Ring schließen.
2. Runde: Den Faden unter dem Ring führen, 1 Km in den Ring, dann die folg M in den Ring häkeln: * 1 hStb, 1 Stb, 3-Lm-Picot, 1 Stb, 1 hStb *, 1 Km, 1 hStb, 1 Stb, 1 DStb, 3-Lm-Picot, 1 DStb, 1 Stb, 1 hStb, 1 Km; von * bis * 1 x wdh; 1 Km in die ursprüngliche 7. Lm, je 1 Km die verbleibenden 3 Lm des Blattstiels, 1 Km in den Stängel.
Den Faden abschneiden und sichern. Die Fadenenden vernähen.
Weitere Blätter nach Belieben an beiden Seiten des Hauptstängels anhäkeln. Es sieht besonders natürlich aus, wenn Sie die Blätter in unterschiedlichen Abständen zueinander arb.

Besondere Technik
3-Lm-Picot: 3 Lm arb, 2 Lm übergehen, 1 Km in die nächste Lm.

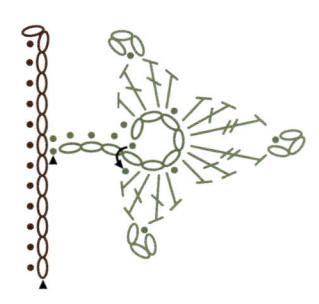

2

Material
+ **Garn A:** Drops Safran (100 % Baumwolle; LL 160 m/50 g)
+ **Garn B:** DMC Petra Nr. 3 (100 % Baumwolle; LL 280 m/100 g)
+ Häkelnadel 3 mm

Mit Garn A (Orange) einen Fadenring arb.
1. Runde: 1 Lm (zählt als 1 fM), 9 fM in den Ring. Die Rd mit 1 Km in die Anfangs-Lm schließen, Garn B (Gelb) durchziehen.
2. Runde: 4 Lm, 1 DStb in die M an der Basis der Anfangs-Lm, [1 Stb, 1 DStb, 4 Lm, 1 Km] in die nächste fM, * [1 Km, 4 Lm, 1 DStb] in die nächste fM, [1 Stb, 1 DStb, 4 Lm, 1 Km] in die nächste fM, ab * noch 3 x wdh.
Den Faden abschneiden und sichern. Die Fadenenden vernähen.

3

Material
- **Garne A und B:** Drops Baby Alpaca Silk (70 % Alpaca, 30 % Seide; LL 167 m/50 g)
- Häkelnadel 3 mm

Pilzhut

Mit Garn A (Wollweiß) einen Fadenring arb.
1. Reihe (Hinr): 3 Lm (als Ersatz für 1 Stb), 3 Stb in den Ring, 3 Lm (als Ersatz für 1 Stb); wenden.
2. Reihe: 1 Stb in die M an der Basis der 3 Lm, 1 Stb in 2 Stb, 1 Stb in die oberste der 3 Lm, 1 Lm (zählt nicht als 1 fM); wenden.
3. Reihe: Je 2 fM in die nächsten 4 Stb, 2 fM in die oberste der 3 Lm. Garn A abschneiden und sichern.

Stiel

Von der linken Seite der Arbeit aus Garn B (Braun) mit 1 Km am hMg der mittleren fM der 3. R anschlingen.
1. Reihe: 15 Lm häkeln, 1 Lm übergehen, 1 Km in jede folg Lm, 1 Km ins hMg derselben fM wie zu Beginn.
Den Faden abschneiden und sichern. Die Fadenenden vernähen.

Hinweis: *Um eine möglichst natürliche Wirkung zu erzielen, Pilze mit unterschiedlich langen Stielen häkeln, sodass innerhalb einer Gruppe größere und kleinere Pilze stehen.*

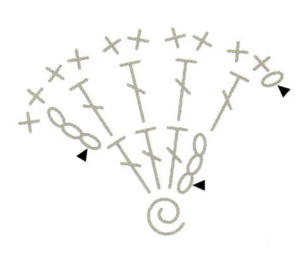

4

Material
- **Garn A:** Patons Cotton DK (100 % Baumwolle; LL 210 m/100 g)
- **Garn B:** Drops Flora (65 % Baumwolle, 35 % Alpaka; LL 210 m/50 g)
- Häkelnadel 3,5 mm

Mit Garn A (Violett) 5 Lm häkeln und mit 1 Km in die 1. Lm zum Ring schließen.
1. Runde: In den Ring häkeln wie folgt, dabei den Anfangsfaden mit umhäkeln: 2 x [3 Lm, 1 Stb, 3 Lm, 1 Km], 7 Lm, 1 Km, 4 Lm, 1 DStb, 4 Lm, 1 Km, 7 Lm, 1 Km.
Den Faden abschneiden und sichern. Vorsichtig am Anfangsfaden ziehen, um das Loch in der Mitte zu schließen.
Mit Garn B (Gelb) oder Baumwollsticktwist in Gelb einen Knötchenstich an der Basis der beiden oberen Blütenblätter sticken.
Den Faden abschneiden und sichern. Die Fadenenden vernähen.

WALDFREUDEN

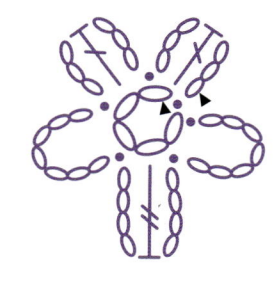

5

Material
- **Garn A:** Scheepjes Catona (100 % Baumwolle; LL 125 m/50 g) oder Drops Delight (75 % Schurwolle, 25 % Polyamid; LL 175 m/50 g)
- Reste von 4-fädigem Baumwollhäkelgarn in Kontrastfarben für die Knötchenstiche
- Häkelnadel 3,5 mm

Mit Garn A (Rosa) 6 Lm häkeln und mit 1 Km in die 1. Lm zum Ring schließen.
1. Runde: Den Anfangsfaden mit umhäkeln.
* [4 Lm, 1 DStb, 2 Lm, 1 Km in die 2. Lm von der Häkelnd aus, 1 DStb, 4 Lm, 1 Km] in den Ring; ab * noch 4 x wdh. Vorsichtig am Anfangsfaden ziehen, um das Loch in der Mitte zu schließen.
Den Faden abschneiden und sichern. Die Fadenenden vernähen.
Mit kontrastfarbenem 4-fädigem Baumwollhäkelgarn mehrere Knötchenstiche rund um die Mitte sticken.

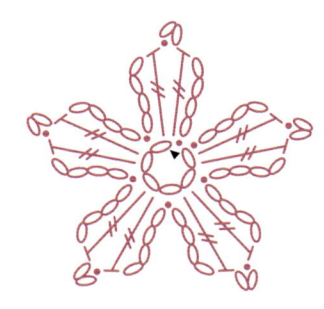

6

Material
- **Garn A:** Rico Design Creative Ricorumi DK (100 % Baumwolle; LL 57,5 m/25 g)
- **Garn B:** Patons Cotton 4-ply (100 % Baumwolle; LL 330 m/100 g)
- Häkelnadel 3 mm

Stängel
Mit Garn A (Grün) 18 Lm anschl, 1 Km in die 4. Lm von der Häkelnd aus.
1. Reihe: 4 Lm, 1 Lm übergehen, je 1 Km in die übrigen 17 Lm des Stängels.

Blüte
Garn B (Weiß) mit 1 Km am 4-Lm-Ring anschlingen.
1. Runde: In den Ring häkeln wie folgt: 3 Lm, 1 Stb, 3 Lm, 1 Km, 4 Lm, 1 DStb, 4 Lm, 1 Km, 3 Lm, 1 Stb, 3 Lm, 1 Km.
Den Faden abschneiden und sichern. Die Fadenenden vernähen.

Blatt
Mit Garn A (Grün) 12 Lm häkeln, 1 Lm übergehen, je 1 Km in die nächsten 3 Lm, je 1 fM in die nächsten 6 Lm, je 1 Km in die letzten 2 Lm. Den Faden abschneiden und sichern. Die Fadenenden vernähen.
Für Schneeglöckchen, die in die andere Richtung zeigen, einfach die Anleitung für den Stängel gegengleich arb wie folgt: 18 Lm, 1 Lm übergehen, je 1 Km in die nächsten 3 Lm, 4 Lm, 1 Km in die 4. Lm von der Häkelnd aus, je 1 Km in die übrigen Stängel-Lm. Um längere oder kürzere Stängel zu arb, können mehr oder weniger Anfangs-Lm gehäkelt werden.

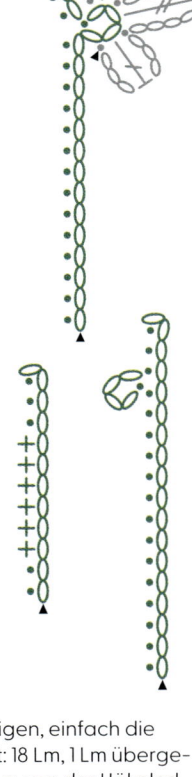

7 **Material**
- **Garn A:** Drops Safran (100 % Baumwolle; LL 160 m/50 g)
- Häkelnadel 3 mm

Stängel

Mit Garn A (Grün) 10 Lm anschl.
Großes Blatt 1: 2 x [5 Lm, 3-Stb-Bm in die 4. Lm von der Häkelnd aus], 3 Lm, 1 Km in die 3. Lm von der Häkelnd aus, 2 x [3 Lm, 1 Km in die Lm an der Basis der 3-Stb-Bm, 1 Km in die nächste Lm].
3 Lm für den Stängel häkeln.
Große Blätter 2 und 3: Wie das große Blatt 1 häkeln, 3 Lm für den Stängel.
Kleines Blatt 1: * 5 Lm, 3-Stb-Bm in die 4. Lm von der Häkelnd aus, 3 Lm, 1 Km in die 3. Lm von der Häkelnd aus, 3 Lm, 1 Km in die Lm an der Basis der 3-Stb-Bm, 1 Km in die nächste Lm **, 3 Lm für den Stängel *.
Kleines Blatt 2: Das kleine Blatt 1 von * bis * wdh.
Kleines Blatt 3: Das kleine Blatt 1 von * bis ** wdh.
Oberes Blatt und andere Seite des Farnwedels: Das kleine Blatt 1 noch 1 x von * bis ** wdh; die Arbeit drehen und über die andere Seite der Anfangs-Lm-Kette häkeln wie folgt: 3 x [das kleine Blatt 1 von * bis ** arb, je 1 Km in die nächsten 3 Stängel-Lm, 4 x [das große Blatt 1 arb, je 1 Km in die nächsten 3 Stängel-Lm], je 1 Km in die übrigen 7 Stängel-Lm.
Den Faden abschneiden und sichern. Die Fadenenden vernähen.

WALDFREUDEN

8 Material

+ **Garn A:** Hedgerow Sockengarn, handgefärbt (80 % Merinowolle, 20 % Polyamid; LL 365 m/100 g)
+ Häkelnadel 3 mm

Hinweis: *Sie können den Beginn jeder Rd mit 1 MM kennzeichnen, wenngleich exakte M-Zahlen hier nicht entscheidend sind. Es soll eine organische Form entstehen, deshalb sind leichte Abweichungen kein Problem.*

Mit Garn A (Grün) einen Fadenring arb.
1. Runde: 8 fM in den Ring häkeln; die Rd mit 1 Km in die 1. fM schließen. Am Anfangsfaden ziehen, um den Ring zu schließen.
2. Runde: 1 Lm (zählt hier und im Folg nicht als M), 2 fM in jede fM der Vorrd, 1 Km in die Anfangs-Lm. MM platzieren.
3. Runde: 1 Lm, 8 x [3 fM die nächste fM, 3 Stb in die nächste fM], die Rd mit 1 Km in die Anfangs-Lm schließen. MM platzieren.
4. Runde: 3 Lm, 4 x [je 2 Stb in die nächsten 3 fM, je 2 Stb in die nächsten 3 Stb], 2 Lm, 1 Km in das zuletzt behäkelte Stb der 3. Rd arb.
Den Faden abschneiden und sichern. Die Fadenenden vernähen.

Hinweis: *Die Flechte rollt sich von Natur aus ein und liegt dann doppelt. Sie muss nicht gespannt werden, denn die leicht rüschenartige Struktur ist beabsichtigt.*

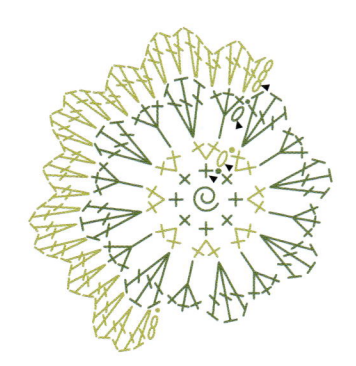

9 Material

+ **Garn A:** Scheepjes Catona (100 % Baumwolle; LL 125 m/50 g)
+ **Garn B:** Drops Safran (100 % Baumwolle; LL 160 m/50 g)
+ Häkelnadel 3,5 mm

Mit Garn A (Dunkelgrün) 4 Lm anschl und mit 1 Km zum Ring schließen.
1. Runde: In den Ring häkeln wie folgt: 5 Lm, 1 hStb, 2 Lm, 1 Stb, 2 Lm, 1 DStb, 2 Lm, 1 DStb, 2 Lm, 1 Stb, 2 Lm, 1 hStb, 4 Lm, 1 Km in die 1. der 5 Anfangs-Lm. Garn A abschneiden und sichern.
2. Runde: Von der rechten Seite der Arbeit aus mit Garn B (Hellgrün) häkeln wie folgt: 1 Km in den 5-Lm-Bg, 1 Lm, [2 fM, 2 hStb, 2 Stb] in den 5-Lm-Bg, 3 Stb in den 2-Lm-Bg, 4 Stb in den 2-Lm-Bg, [2 Stb, 2 Lm, 1 Km in die 2. Lm von der Häkelnd aus, 2 Stb] in den 2-Lm-Bg, 4 Stb in den 2-Lm-Bg, 3 Stb in den 2-Lm-Bg, [2 Stb, 2 hStb, 2 fM] in den letzten 2-Lm-Bg, 1 Km in die Anfangs-Lm.
3. Reihe (Stängel): 7 Lm, 1 Lm übergehen, je 1 Km in die nächsten 6 Lm, 1 Km in die Anfangs-Lm der 2. Rd.
Den Faden abschneiden und sichern. Die Fadenenden vernähen.

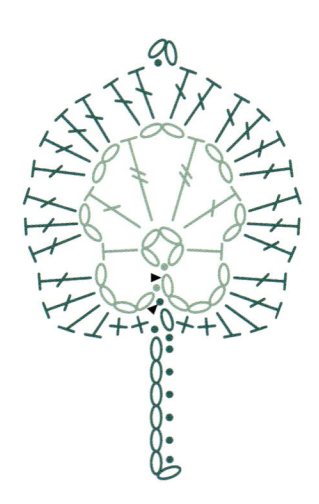

10 Material

- **Garn A:** King Cole Merino Blend DK (100 % Wolle; LL 104 m/50 g)
- Häkelnadel 4 mm

Mit Garn A (Grün) 10 Lm anschl.
Große Blätter: 3 x [8 Lm, 1 Km in die 8. Lm von der Häkelnd aus, 3 Lm für den Stängel].
Mittelgroße Blätter: 3 x [6 Lm, 1 Km in die 6. Lm von der Häkelnd aus, 3 Lm für den Stängel].
Kleine Blätter: 2 x [4 Lm, 1 Km in die 4. Lm von der Häkelnd aus, 3 Lm für den Stängel].
Blattspitze: 3 x [4 Lm, 1 Km in die 4. Lm von der Häkelnd aus].

Über die andere Seite der Lm-Kette häkeln wie folgt: Je 1 Km in die nächsten 3 Stängel-Lm.
Kleine Blätter: 2 x [4 Lm, 1 Km in die 4. Lm von der Häkelnd aus, je 1 Km in die nächsten 3 Stängel-Lm].
Mittelgroße Blätter: 3 x [6 Lm, 1 Km in die 6. Lm von der Häkelnd aus, je 1 Km in die nächsten 3 Stängel-Lm].
Große Blätter: 2 x [8 Lm, 1 Km in die 8. Lm von der Häkelnd aus, je 1 Km in die nächsten 3 Stängel-Lm], 8 Lm, 1 Km in die 8. Lm von der Häkelnd aus, je 1 Km in restl 10 Stängel-Lm.
Den Faden abschneiden und sichern. Die Fadenenden vernähen.

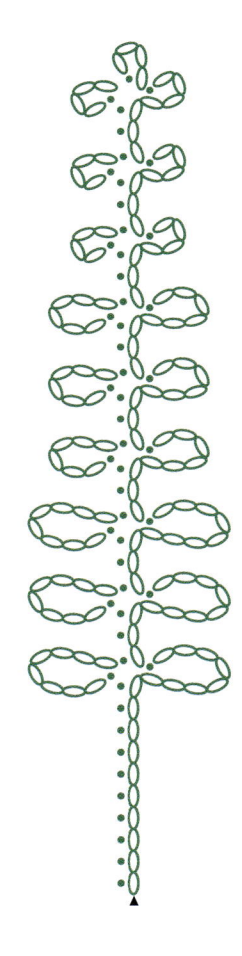

WALDFREUDEN

Frühlingserwachen

Der Frühling ist eine wunderbare Jahreszeit voller Verheißung und neuem Leben. In meinem Garten scheint alles plötzlich zum Leben zu erwachen, die neuen Blätter sind frisch und leuchtend grün und die lang erwartete Farbe füllt die Beete, wenn Narzissen, Traubenhyazinthen und Vergissmeinnicht blühen. An der Trauerweide erscheinen weiche, flauschige Knospen, und an den Haselzweigen baumeln Kätzchen. Zwischen all dem Gelb, Blau und Grün erscheinen die ersten zartrosa Blütenknospen an den Apfelbäumen.
Ich liebe es, Blumen zu pflücken und ins Haus zu holen.
Zu dieser Jahreszeit stehen deshalb in allen Räumen bunte Blumensträuße in hübschen Vasen.

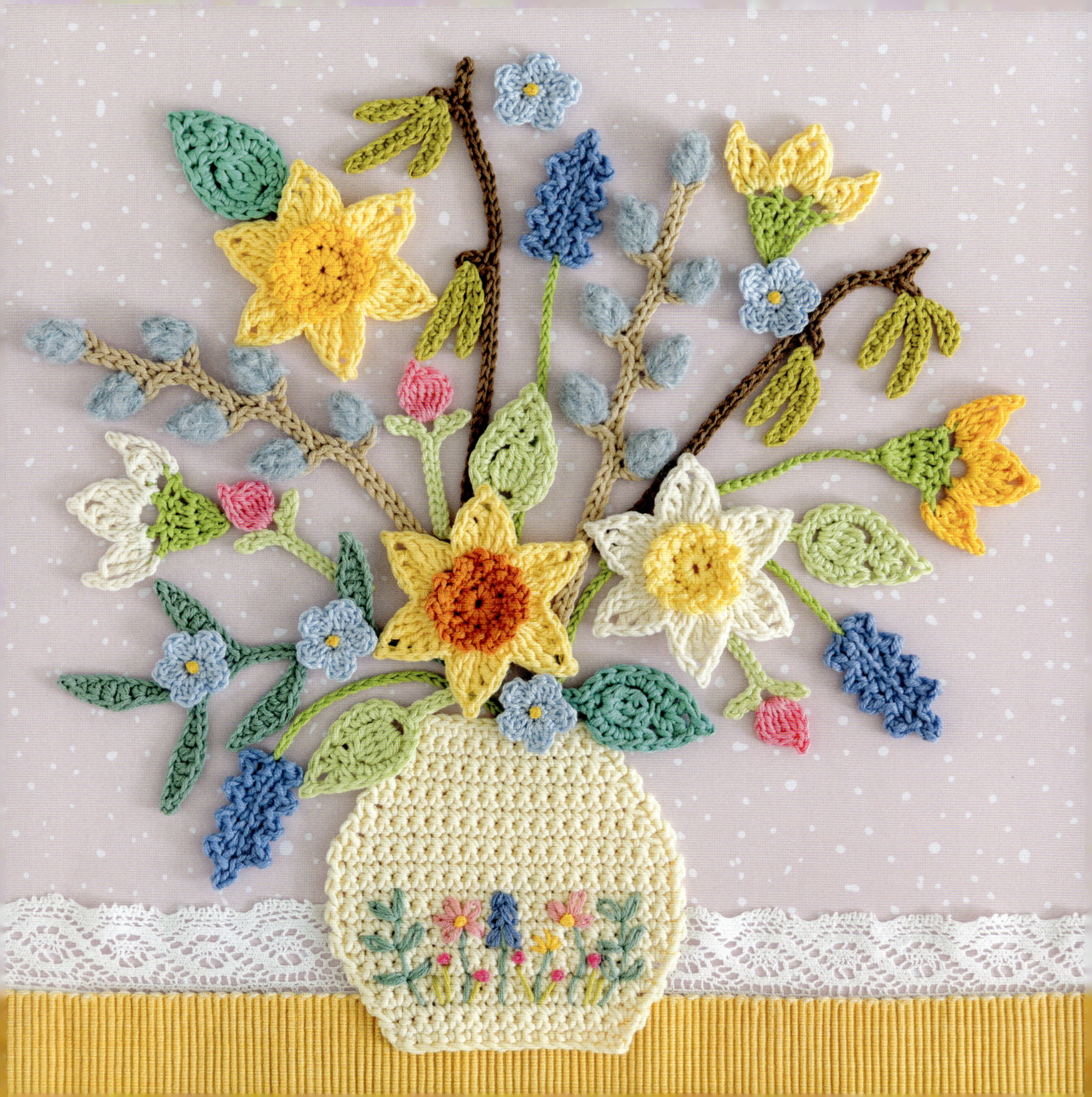

DIE MOTIVE

3

7

4

2

10

1

Material
- **Garn A:** 4-fädiges Baumwollhäkelgarn (z.B. Schachenmayr Catania; 100 % Baumwolle; LL 125 m/50 g)
- Reste von 4-fädigem Häkelgarn oder Sticktwist für die Knötchenstiche
- Häkelnadel 3 mm

Mit Garn A (Blau) einen Fadenring arb.
1. Runde: 5 fM in den Ring, 1 Km in die 1. fM.
2. Runde: 5 x [2 Lm, 2-Stb-Bm in dieselbe M, 2 Lm, 1 Km in die nächste fM], dabei die letzte Km in die Km am Ende der 1. Rd arb. Garn A abschneiden und sichern.

Mitte

Mit 4-fädigem Baumwollhäkelgarn oder Sticktwist 1 Knötchenstich in die Blütenmitte sticken.
Den Faden abschneiden und sichern. Die Fadenenden vernähen.

2

Material
- **Garn A:** Drops Merino Extra Fine (100 % Schurwolle; LL 105 m/50 g)
- **Garn B:** Drops Safran (100 % Baumwolle; LL 160 m/50 g)
- Häkelnadel 3 mm oder 3,5 mm

1. Runde: Mit Garn A (Blau) 11 Lm anschl, 3 Lm übergehen, je 1 Km in die nächsten 8 Lm, 1 Lm.
2. Runde: In die andere Seite der Anfangs-Lm-Kette häkeln wie folgt: 1 Km in die 1. Lm, 3 x [2 Lm, 1 Lm übergehen, 1 fM in die nächste Lm, 1 Lm des Hauptstängels übergehen, 1 Km in die nächste Lm], 2 x [2 Lm, 1 Lm übergehen, 1 fM in die nächste Lm, 1 Km in den 3-Lm-Bg]; dann entlang der anderen Seite der Blüte häkeln wie folgt: 4 x [1 Km in die nächste Km, 2 Lm, 1 Lm übergehen, 1 fM in die nächste Lm, 1 Km übergehen], 1 Km in die Lm an der Blütenbasis. Garn A abschneiden und sichern.

Stängel

Garn B (Grün) mit 1 Km an der Lm an der Blütenbasis anschlingen und Lm bis zur gewünschten Stängellänge häkeln.
Den Faden abschneiden und sichern. Die Fadenenden vernähen.

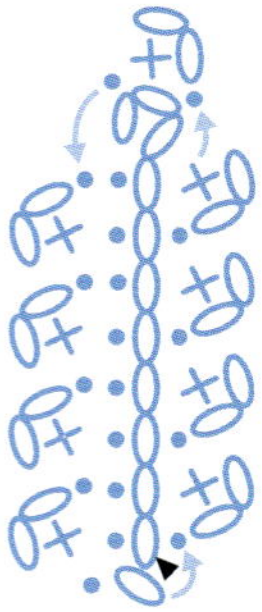

3

Material

- **Garne A und B:** Drops Safran (100 % Baumwolle; LL 160 m/50 g)
- Häkelnadel 3,5 mm

Blütenmitte

Mit Garn A (Orange) 5 Lm anschl und mit 1 Km in die 1. Lm zum Ring schließen.
1. Runde: 2 Lm (als Ersatz für 1 hStb), 11 hStb in den Ring, dabei den Anfangsfaden mit umhäkeln, die Rd mit 1 Km ins vMg der 2. Lm schließen. Hinweis: Es empfiehlt sich, das hMg dieser Lm mit 1 MM zu kennzeichnen. Vorsichtig am Anfangsfaden ziehen, um den Ring in der Mitte zu schließen.
2. Runde: 1 Lm (zählt als 1 fM), je 1 fM ins vMg der 11 hStb, die Rd mit 1 Km in die 1. Lm schließen.
3. Runde: 11 x [3 Lm, 1 Km in die nächste fM], 3 Lm, 1 Km in die letzte Km der 2. Rd. Garn A abschneiden und sichern.

Äußere Blütenblätter

1. Runde: Von der rechten Seite der Arbeit aus in die hMg der hStb der 1. Rd häkeln: Garn B (Gelb) mit 1 Km an hMg der markierten Lm anschlingen, 4 Lm, 1 hStb übergehen, 5 x [1 Km ins hMg des nächsten hStb, 3 Lm, 1 hStb übergehen], 1 hStb übergehen, 1 Km in die 1. der 4 Anfangs-Lm.
2. Runde: 1 Km in den 4-Lm-Bg, * [1 hStb, 1 Stb, 1 DStb, 1 Dreifach-Stb, 2 Lm, 1 Lm übergehen, 1 Km in die nächste Lm, 1 Dreifach-Stb, 1 DStb, 1 Stb, 1 hStb] * in den 4-Lm-Bg, von * bis * in jeden folg 3-Lm-Bg wdh (= insgesamt 6 Blütenblätter), die Rd mit 1 Km in die letzte Km der 1. Rd schließen.
Garn B abschneiden und sichern. Alle Fadenenden vernähen.

4

Material

- **Garne A und B:** Drops Safran (100 % Baumwolle; LL 160 m/50 g)
- Häkelnadel 3 mm oder 3,5 mm

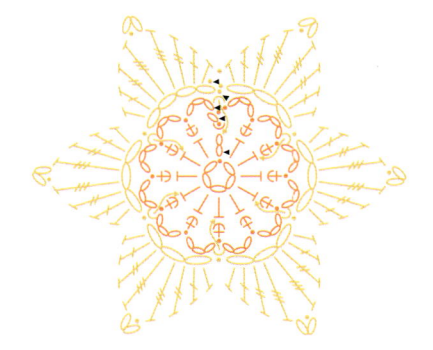

Mit Garn A (Grün) einen Fadenring arb.
1. Reihe (Hinr): 3 Lm (als Ersatz für 1 Stb), 3 Stb in den Ring; mit 3 Lm wenden. Den Fadenring nicht vollständig schließen, wenn Sie später noch einen Stängel hinzufügen wollen.
2. Reihe: 1 Stb in die M an der Basis der 3 Lm, 1 Stb in 2 Stb, 1 Stb in die oberste der 3 Lm; wenden.
3. Reihe: 3 x [4 Lm, 1 Km in das nächste Stb]. Garn A abschneiden und sichern.
4. Reihe: Von der rechten Seite der Arbeit aus Garn B (Gelb) mit 1 Km an der 1. der 4 Lm anschlingen, 7 Lm, 1 Lm übergehen, 1 Km in die nächste Lm, [2 DStb, 1 Stb, 1 Lm] in den ersten 4-Lm-Bg, [1 Km, 1 hStb, 1 Stb, 1 DStb, 1 Dreifach-Stb, 2 Lm, 1 Lm übergehen, 1 Km in die nächste Lm, 1 Dreifach-Stb, 1 DStb, 1 Stb, 1 hStb, 1 Km] in den nächsten 4-Lm-Bg, [1 Km, 1 Stb, 2 DStb] in den letzten 4-Lm-Bg, 2 Lm, 1 Lm übergehen, 1 Km in die nächste Lm, 5 Lm, 1 Km in die letzte der 4 Lm der 3. Rd. Garn B abschneiden und sichern.

Stängel

Für einen Stängel Garn A (Grün) am Fadenring an der Blütenbasis anschlingen und Lm bis zur gewünschten Stängellänge häkeln. Vorsichtig am Anfangsfaden des Fadenrings ziehen, um ihn vollständig zu schließen.
Alle Fadenenden vernähen.

5

Material
+ **Garn A:** Drops Muskat (100 % Baumwolle; LL 100 m/50 g)
+ Häkelnadel 4 mm

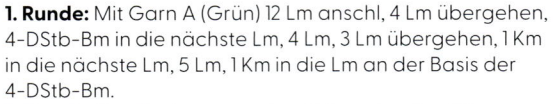

1. Runde: Mit Garn A (Grün) 12 Lm anschl, 4 Lm übergehen, 4-DStb-Bm in die nächste Lm, 4 Lm, 3 Lm übergehen, 1 Km in die nächste Lm, 5 Lm, 1 Km in die Lm an der Basis der 4-DStb-Bm.
2. Runde: Den Faden unter dem Stängel weiterführen, 1 Lm, [4 fM, 1 hStb] in den 4-Lm-Bg, [1 hStb, 1 Stb, 2 Lm, 1 Lm übergehen, 1 Km in die nächste Lm, 1 Stb, 1 hStb] in den 3-Lm-Bg, [1 hStb, 4 fM] in den 5-Lm-Bg, 1 Lm, 1 Km in die Km am Stängel, je 1 Km in die 6 Stängel-Lm.
Den Faden abschneiden und sichern. Die Fadenenden vernähen.

6

Material
+ **Garn A:** Drops Safran (100 % Baumwolle; LL 160 m/50 g)
+ Häkelnadel 3 mm

Stängel
Mit Garn A (Grün) 10 Lm häkeln.
Blatt: [10 Lm, 1 Lm übergehen, 1 Km, 1 fM, 1 hStb, 2 Stb, 1 hStb, 1 fM, je 1 Km in die nächsten 2 Lm].
10 Lm für den Stängel, 1 Blatt, 5 Lm für den Stängel, 1 Blatt, 1 Km in die nächste Stängel-Lm, 1 Blatt, je 1 Km in 9 Lm für den Stängel, 1 Blatt, je 1 Km in die restl 15 Stängel-Lm.
Den Faden abschneiden und sichern. Die Fadenenden vernähen.

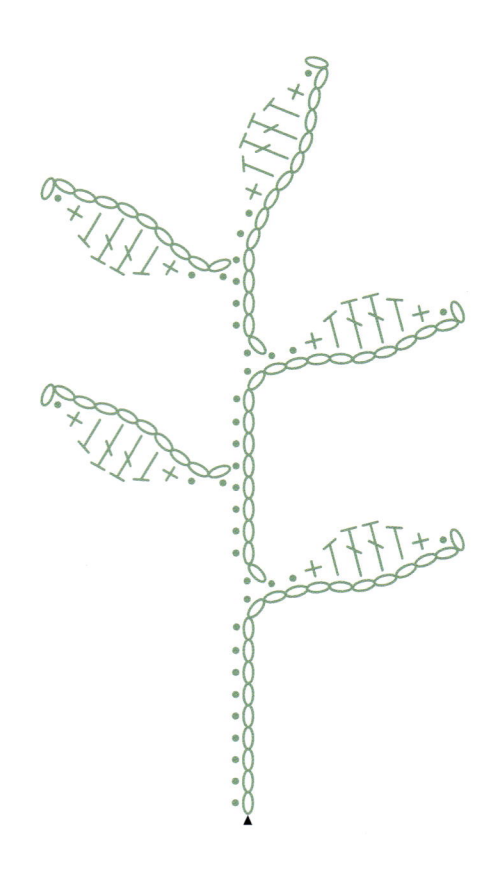

7 Material

- **Garn A:** Scheepjes Catona (100 % Baumwolle; LL 125 m/50 g)
- **Garn B:** King Cole Giza Cotton 4-ply (100 % Baumwolle; LL 160 m/50 g)
- Häkelnadel 3 mm

Stängel

Mit Garn A (Grün) 14 Lm anschl, 1 Lm übergehen, je 1 Km in die nächsten 2 Lm, 1 fM in die nächste Lm, 5 Lm, 1 Lm übergehen, je 1 Km in die nächsten 2 Lm, 1 fM in die nächste Lm, 1 Lm übergehen (in diesen 1-Lm-Bg wird später die Knospe gehäkelt), je 1 Km in die nächsten 10 Lm. Garn A abschneiden und sichern.

Blütenknospe

Garn B (Rosa) mit 1 Km am 1-Lm-Bg anschlingen, 4 Lm, 4-DStb-Bm in den 1-Lm-Bg, 2 Lm, 1 Lm übergehen, 1 Km in die nächste Lm, 4 Lm, 1 Km in den 1-Lm-Bg. Garn B abschneiden und sichern. Alle Fadenenden vernähen.

8 Material

- **Garn A:** Drops Muskat (100 % Baumwolle; LL 100 m/50 g)
- **Garn B:** 1 Faden Drops Sky (74 % Alpaka, 18 % Polyamid, 8 % Schurwolle; LL 190 m/50 g) und 1 Faden Drops Brushed Alpaca Silk (77 % Alpaka, 23 % Seide; LL 140 m/25 g) zusammen verarbeiten
- Häkelnadel 4 mm

Stängel

Mit Garn A (Beige) Lm bis zur gewünschten Stängellänge häkeln, 3 x [4 Lm, 3 Lm übergehen, 1 Km in die nächste Lm, 6 Lm], 4 Lm, 3 Lm übergehen, 1 Km in die nächste Lm; dann über die andere Seite der Lm-Kette häkeln wie folgt: je 1 Km in die nächsten 4 Lm, 3 x [4 Lm, 3 Lm übergehen, 1 Km in die nächste Lm, je 1 Km in die nächsten 6 Lm], je 1 Km in die restl Stängel-Lm. Garn A abschneiden und sichern.

Knospen

Mit Garn B (Grau und Flauschfaden in Blau), in jeden 4-Lm-Bg 1 Knospe häkeln wie folgt: 1 Km, 2 Lm, 3-Stb-Popcorn, 2 Lm, 1 Km].
Den Faden abschneiden und sichern. Die Fadenenden vernähen. (Siehe Seite 123: Vernähen mehrerer Fadenenden.)

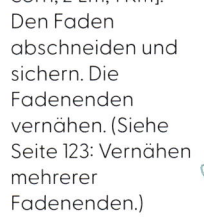

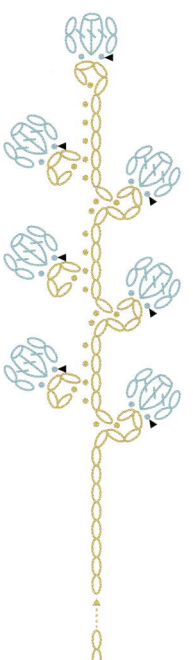

FRÜHLINGSERWACHEN

9 Material

- **Garne A und B:** Drops Safran (100 % Baumwolle; LL 160 m/50 g)
- Häkelnadel 3,5 mm

Zweig

Mit Garn A (Braun) Lm bis zur gewünschten Zweiglänge häkeln, 4 Lm, 3 Lm übergehen, 1 Km in die nächste Lm (= 1. Lm-Ring), 10 Lm für den Zweig (siehe Hinweis unten), 4 Lm, 3 Lm übergehen, 1 Km in die nächste Lm (= 2. Lm-Ring), 3 Lm, 1 Lm übergehen, 1 Km in jede folg Lm des Zweigs. Garn A abschneiden und sichern.

Hinweis: Wenn Sie mehrere Zweige häkeln, können Sie unterschiedlich viele Lm zwischen 2 Kätzchengruppen arb, damit das Ergebnis besonders natürlich aussieht.

Haselkätzchen

1. Kätzchen: Garn B (Gelbgrün) mit 1 Km am ersten 4-Lm-Ring anschlingen, 7 Lm, 1 Lm übergehen, je 1 fM in die nächsten 4 Lm, je 1 Km in die nächsten 2 Lm, 1 Km in den 4-Lm-Bg, 9 Lm, 1 Lm übergehen, je 1 fM in die nächsten 5 Lm, je 1 Km in die nächsten 3 Lm. Den Faden abschneiden und sichern.

2. Kätzchen: Garn B mit 1 Km am zweiten 4-Lm-Ring anschlingen, 7 Lm, 1 Lm übergehen, 1 fM in 4 Lm, 1 Km in 2 Lm, 1 Km in den 4-Lm-Bg, 9 Lm, 1 Lm übergehen, je 1 fM in die nächsten 6 Lm, je 1 Km in die nächsten 2 Lm, 1 Km in den 4-Lm-Bg, 6 Lm, 1 Lm übergehen, je 1 fM in die nächsten 2 Lm, je 1 Km in die nächsten 3 Lm.
Den Faden abschneiden und sichern. Alle Fadenenden vernähen.

Hinweis: Der Zweig kann spiegelbildlich gearbeitet werden, sodass die Kätzchen auf der anderen Seite herabhängen.
Lm bis zur gewünschten Gesamtlänge häkeln, 1 Lm übergehen, je 1 Km in die nächsten 2 Lm, 4 Lm, 3 Lm übergehen, 1 Km in die nächste Lm (= 2. Lm-Ring), je 1 Km in die nächsten 10 Lm, 4 Lm, 3 Lm übergehen, 1 Km in die nächste Lm (= 1. Lm-Ring), je 1 Km in die restl Lm des Zweigs. Die Haselkätzchen arb, wie oben beschrieben.

10 Material

+ **Garn A:** Drops Muskat (100 % Baumwolle; LL 100 m/50 g)
+ Reste von 4-fädigem Häkelgarn oder Stickgarn für die Stickereien
+ Häkelnadel 4 mm

Mit Garn A (Wollweiß) 15 Lm anschl.
1. Reihe (Hinr): 1 Lm übergehen, 1 fM in 14 Lm; mit 1 Lm wenden (= 14 fM).
2. Reihe: Je 1 fM in die 14 fM; mit 1 Lm wenden.
3. Reihe: 2 fM in die 1. fM, je 1 fM in die nächsten 12 fM, 2 fM in die letzte fM; mit 1 Lm wenden (= 16 fM).
4. Reihe: Je 1 fM in die 16 fM; mit 1 Lm wenden.
5. Reihe: 2 fM in die 1. fM, je 1 fM in die nächsten 14 fM, 2 fM in die letzte fM; mit 1 Lm wenden (= 18 fM).
6. Reihe: Je 1 fM in die 18 fM; mit 1 Lm wenden.
7. Reihe: 2 fM in die 1. fM, je 1 fM in die nächsten 16 fM, 2 fM in die letzte fM; mit 1 Lm wenden (= 20 fM).
8. Reihe: Je 1 fM in die 20 fM; mit 1 Lm wenden.
9.–14. Reihe: Wie die 8. R häkeln.
15. Reihe: 2 fM zus abm, je 1 fM in die nächsten 16 fM, 2 fM zus abm; mit 1 Lm wenden (= 18 fM).
16. Reihe: Je 1 fM in die 18 fM; mit 1 Lm wenden.
17. Reihe: 2 fM zus abm, je 1 fM in die nächsten 14 fM, 2 fM zus abm; mit 1 Lm wenden (= 16 fM).
18. Reihe: Je 1 fM in die 16 fM; mit 1 Lm wenden.
19. Reihe: 2 fM zus abm, je 1 fM in die nächsten 12 fM, 2 fM zus abm; mit 1 Lm wenden (= 14 fM).
20. Reihe: Je 1 fM in die 14 fM; mit 1 Lm wenden.
21. Reihe: 2 fM zus abm, je 1 fM in die nächsten 10 fM, 2 fM zus abm; mit 1 Lm wenden (= 12 fM).
22. Reihe: Je 1 fM in die 12 fM; mit 1 Lm wenden.
23. Reihe: Je 1 fM in die 12 fM.

Den Faden abschneiden und sichern. Die Fadenenden vernähen.

Stickerei

Mit Resten von 4-fädigem Häkelgarn oder Stickgarn Blüten und Blätter im Margeriten-, Ketten-, Spann- und Knötchenstich aufsticken (siehe Foto). Die Abbildung soll nur zur Inspiration dienen: Gestalten Sie die Stickerei ganz nach Ihrem Farbschema oder den Blumen, die Sie für Ihre Vase gehäkelt haben.

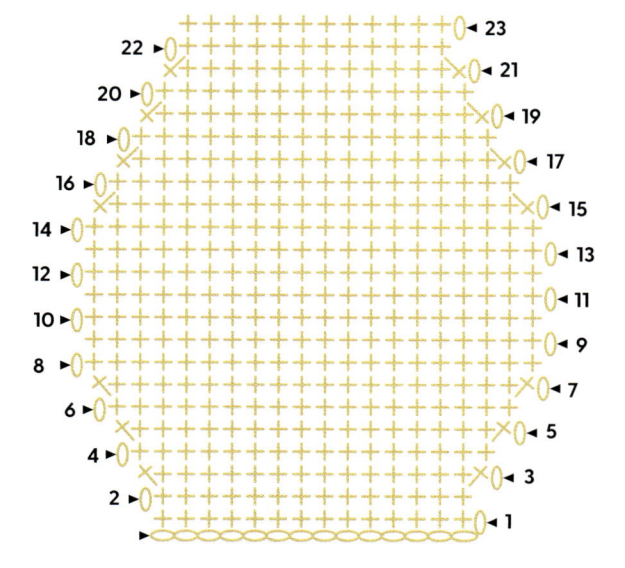

FRÜHLINGSERWACHEN

Bauerngarten

Diese Collage erinnert an eine sommerliche Staudenrabatte mit altmodischen Cottage-Gartenpflanzen. Ich liebe diese Art der Gartengestaltung, bei der alle Blumen dicht beieinander wachsen, ein wenig planlos und verworren, sodass die Beete geradezu überzuquellen scheinen. Ich habe viele hochwachsende Pflanzen wie Stockrosen, Fingerhüte und Glockenblumen in meinem Garten, einige habe ich aus Samen gezogen, andere erscheinen jedes Jahr wie von Zauberhand an verschiedenen Stellen. Margeriten sind immer eine Freude, wenn sie zwischen ihren größeren Nachbarn hervorlugen. Duftende Rosen und Pfingstrosen fügen zartrosa und apricotfarbene Pastelltöne zu den kräftigen Farben hinzu. In der Nähe des Zauns wachsen einjährige Sommerblumen zusammen mit zartgrünen Kräutern.

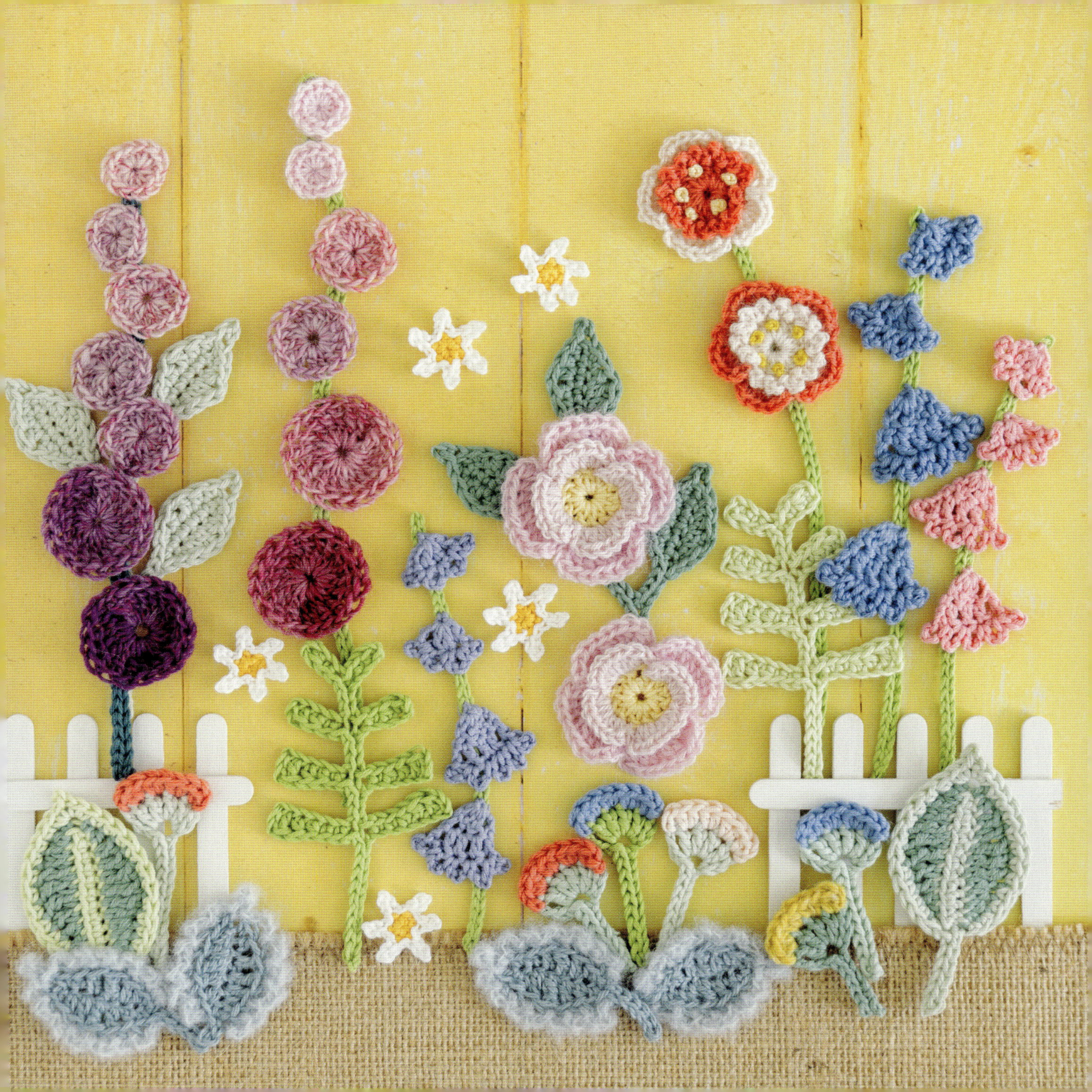

DIE MOTIVE

5

6

8

2

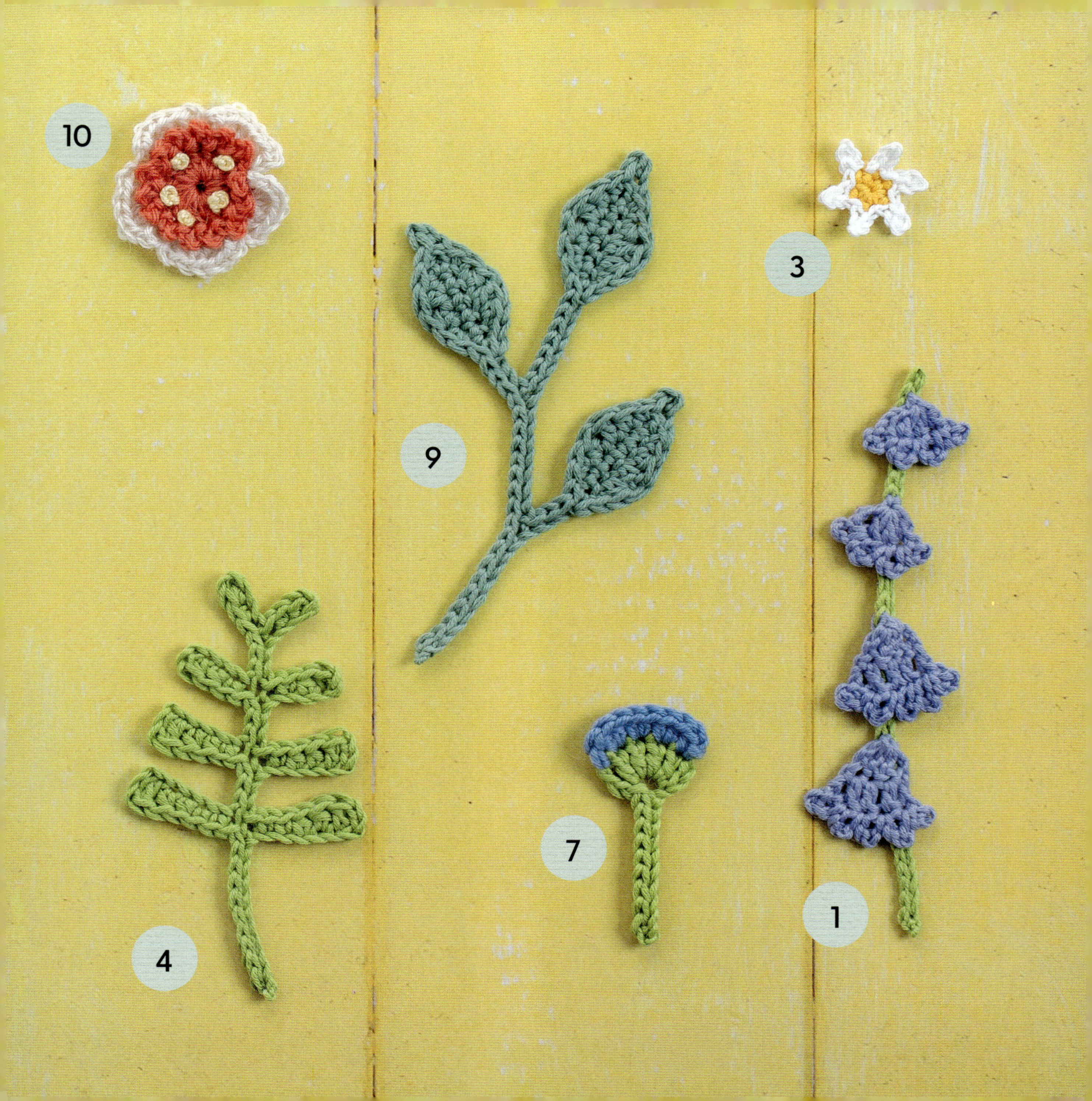
10
3
9
4
7
1

1

Material

+ **Garn A:** Drops Merino Extra Fine (100 % Schurwolle; LL 105 m/50 g)
+ **Garn B:** Drops Safran (100 % Baumwolle; LL 160 m/50 g)
+ Häkelnadel 3,5 mm

Große Blüte (2 x arb)

Mit Garn A (Blau) einen Fadenring arb, dabei den Anfangsfaden 20 cm lang hängen lassen, um später damit die Blüte am Stängel annähen zu können.
1. Reihe (Rückr): 3 Lm (als Ersatz für 1 Stb), 3 Stb in den Ring; mit 3 Lm wenden.
2. Reihe: Je 1 Stb in die nächsten 2 Stb, 1 Stb in die oberste der 3 Lm; mit 3 Lm wenden (= 4 Stb).
3. Reihe: 1 Km in dieselbe M, 2 x [3 Lm, 1 Km in das nächste Stb], 3 Lm, 1 Km in die oberste der 3 Lm der 2. R. Den Faden abschneiden und sichern. Die Fadenenden vernähen.

Kleine Blüte (2 x arb)

Mit Garn A einen Fadenring arb und dabei ebenfalls einen 20 cm langen Anfangsfaden hängen lassen.
1. Reihe (Hinr): 3 Lm (als Ersatz für 1 Stb), 3 Stb in den Ring; mit 3 Lm wenden.
2. Reihe: 1 Km in dieselbe M, 2 x [3 Lm, 1 Km in das nächste Stb], 3 Lm, 1 Km in die oberste der 3 Lm der 1. R. Garn A abschneiden und sichern.

Stängel

Mit Garn B (Grün) einen einfachen Stängel arb (siehe Seite 122). Die Blüten mit den langen Anfangsfäden mit einigen winzigen Stichen am Stängel annähen.
Den Faden abschneiden und sichern. Alle Fadenenden vernähen.

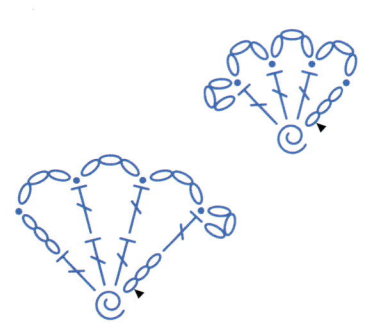

2

Material

+ **Garn A:** Drops Baby Alpaca Silk (70 % Alpaca, 30 % Seide; LL 167 m/50 g)
+ **Garn B:** Drops Brushed Alpaca Silk (77 % Alpaka, 23 % Seide; LL 140 m/25 g)
+ Häkelnadel 3,5 mm

Mit Garn A (Blau) 8 Lm anschl.
1. Runde: 1 Lm übergehen, 1 fM in die nächste Lm, 1 hStb in die nächste Lm, 1 Stb in die nächste Lm, 1 DStb in die nächste Lm, 1 Stb in die nächste Lm, 1 hStb in die nächste Lm, 1 fM in die letzte Lm, 2 Lm; dann über die andere Seite der Anfangs-Lm-Kette häkeln wie folgt: 1 fM, 1 hStb, 1 Stb, 1 DStb, 1 Stb, 1 hStb, 1 fM, 1 Km in die 8. Anfangs-Lm (Wende-Lm). Falls ein Stängel erforderlich ist, 6 Lm häkeln, 1 Lm übergehen, je 1 Km in die nächsten 5 Lm, mit 1 Km in die 8. Lm (Wende-Lm) enden. Garn A abschneiden und sichern.
2. Runde: Garn B (Hellblau) mit 1 Km am hMg der 1. fM der 1. Rd anschlingen, 6 x [2 Lm, 1 Km ins hMg der nächsten M], 1 Km in den 2-Lm-Bg, 3 Lm, 2 Lm übergehen, 1 Km in die nächste Lm, 1 Km in den 2-Lm-Bg, 7 x [2 Lm, 1 Km ins hMg der nächsten M], 2 Lm, 1 Km in die 8. Lm (Wende-Lm). Garn B abschneiden und sichern. Alle Fadenenden vernähen.

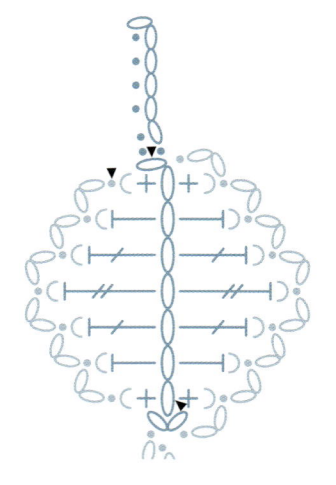

3 Material

+ **Garne A und B:** 4-fädiges Baumwollhäkelgarn
+ Häkelnadel 2,5 mm

Mit Garn A (Gelb) einen Fadenring arb.
1. Runde: 1 Lm (zählt als 1 fM), 5 fM in den Ring, die Rd mit 1 Km in die 1. Lm schließen, dabei bereits Garn B (Weiß) durchziehen.
2. Runde: 5 x [3 Lm, 1 Lm übergehen, 1 Km in 2 Lm, 1 Km in die nächste fM], die Rd unsichtbar schließen (siehe Seite 120).
Alle Fadenenden vernähen.

4 Material

+ **Garn A:** 4-fädiges Baumwollhäkelgarn
+ Häkelnadel 3,5 mm

Mit Garn A (Grün) 10 Lm für den Stängel anschl. (Die Lm-Zahl kann nach Belieben abgewandelt werden.)
1. Blatt: 9 Lm, 3 Lm übergehen, 1 Stb in die nächste Lm, je 1 hStb in die nächsten 2 Lm, je 1 fM in die nächsten 2 Lm, 1 Km in die nächste Lm, 3 Lm für den Stängel.
2. Blatt: 8 Lm, 3 Lm übergehen, 1 Stb in die nächste Lm, je 1 hStb in die nächsten 2 Lm, 1 fM in die nächste Lm, 1 Km in die nächste Lm, 3 Lm für den Stängel.
3. Blatt: 6 Lm, 2 Lm übergehen, je 1 hStb in die nächsten 2 Lm, 1 fM in die nächste Lm, 1 Km in die nächste Lm, 3 Lm für den Stängel.
4. Blatt: 5 Lm, 2 Lm übergehen, 1 hStb in die nächste Lm, 1 fM in die nächste Lm, 1 Km in die nächste Lm.
5. Blatt: Wie das 4. Blatt häkeln, je 1 Km in die nächsten 3 Stängel-Lm.
6. Blatt: Wie das 3. Blatt häkeln, je 1 Km in die nächsten 3 Stängel-Lm.
7. Blatt: Wie das 2. Blatt häkeln, je 1 Km in die nächsten 3 Stängel-Lm.
8. Blatt: Wie das 1. Blatt häkeln, je 1 Km in die restl Stängel-Lm.
Den Faden abschneiden und sichern. Die Fadenenden vernähen.

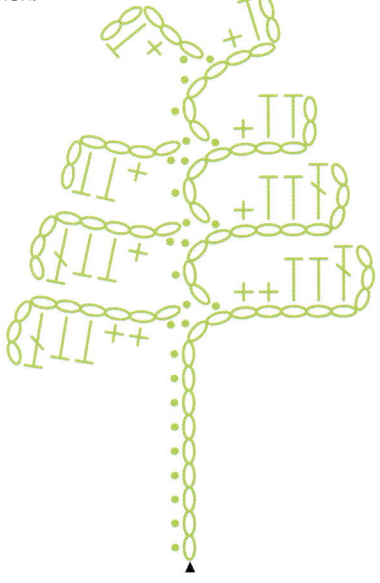

BAUERNGARTEN

5 Material

+ **Garn A:** Drops Delight (75 % Schurwolle, 25 % Polyamid; LL 175 m/50 g)
+ Häkelnadel 3,5 mm

Große Blüte (2 x arb)
Mit Garn A (Rosa) 5 Lm anschl und mit 1 Km in die 1. Lm zum Ring schließen.
1. Runde: 4 Lm, 18 DStb in den Ring, die Rd in der obersten der 4 Anfangs-Lm unsichtbar schließen (siehe Seite 120).

Mittelgroße Blüte (2 x arb)
Mit Garn A 5 Lm anschl und mit 1 Km in die 1. Lm zum Ring schließen.
1. Runde: 3 Lm, 14 Stb in den Ring, die Rd in der obersten der 3 Anfangs-Lm unsichtbar schließen.

Kleine Blüte (2 x arb)
Mit Garn A einen Fadenring arb.
1. Runde: 2 Lm, 12 hStb in den Ring, die Rd in der oberen der 2 Anfangs-Lm unsichtbar schließen.

Fertigstellung
Einen einfachen geraden Stängel häkeln (siehe Seite 122). Die Blüten von oben nach unten darauf anordnen: die kleinsten Blüten oben, die größten unten. Dann die Blüten mit etwas Bastelkleber auf dem Stängel fixieren oder mit farblich passendem Nähgarn und einigen winzigen Stichen annähen. Alle Fadenenden vernähen.

BAUERNGARTEN

Tipp
Wenn Sie ein Garn mit Farbverlauf wählen, entsteht die Wirkung der natürlichen Variation von Blütenfarben. Denselben Effekt können Sie erzielen, indem Sie drei leicht unterschiedliche Farbtöne des gleichen Garns wählen, beispielsweise ein dunkles, ein mittleres und ein helles Rosa.

Tipp
Umhäkeln Sie bei der großen und bei der mittelgroßen Blüte den Anfangsfaden mit. Später ziehen Sie am Anfangsfaden, um die Blütenmitte zu schließen.

6

Material
+ **Garn A:** Drops Just Cotton (100 % Baumwolle; LL 155 m/50 g)
+ **Garn B:** Drops Baby Alpaca Silk (70 % Alpaca, 30 % Seide; LL 167 m/50 g)
+ **Garn C:** Drops Alpaca (100 % Alpaca; LL 167 m/50 g)
+ Häkelnadel 3,5 mm

Mit Garn A (Gelb) 6 Lm anschl und mit 1 Km in die 1. Lm zum Ring schließen.
1. Runde: Den Anfangsfaden mit umhäkeln. 3 Lm (als Ersatz für 1 Stb), 11 Stb in den Ring, die Rd mit 1 Km ins vMg der 3. Lm schließen, dabei bereits Garn B (Hellrosa) durchziehen. Vorsichtig am Anfangsfaden ziehen, um die Mitte zu schließen. Garn A abschneiden und sichern. Tipp: Es empfiehlt sich, ins hMg der 3. Lm einen MM einzuhängen, um den Beginn der 3. Rd zu kennzeichnen.
2. Runde: Mit Garn B (Hellrosa) in die vMg der Stb häkeln wie folgt: 4 x [2 Lm, je 3 Stb in die nächsten 2 Stb, 2 Lm, 1 Km ins nächste Stb]. Garn B abschneiden und sichern.
3. Runde: Garn C (Mittelrosa) am hMg der 3. Lm der 1. Rd (= markierte M) anschlingen. Drücken Sie die Blütenblätter der 2. Rd zu sich her und häkeln Sie in die hMg der Stb der 1. Rd wie folgt: 4 x [3 Lm, je 4 DStb in die nächsten 2 Stb, 3 Lm, 1 Km ins nächste Stb]. Garn C abschneiden und sichern.

Alle Fadenenden vernähen. Ich spanne diese Blüte nicht, weil sich die Blütenblätter ganz natürlich wellen. Ein wenig Sprühstärke hält sie in Form.

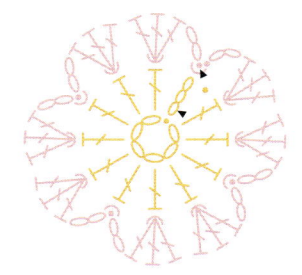

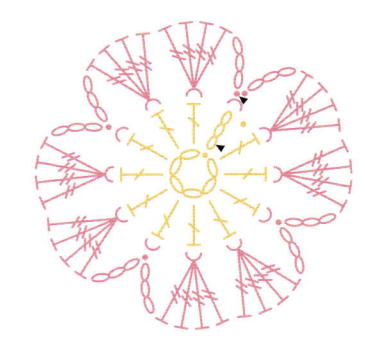

7

Material
+ **Garn A:** Baumwollhäkelgarne von Drops oder Ricorumi
+ **Garn B:** Drops Muskat (100 % Baumwolle; LL 100 m/50 g) oder Drops Alpaca (100 % Alpaca; LL 167 m/50 g) oder Drops Soft Tweed (50 % Schurwolle, 25 % Alpaka, 25 % Viskose; LL 130 m/50 g)
+ Häkelnadel 4 mm

1. Runde: Mit Garn A, 10 Lm (bzw. mehr oder weniger Lm für einen längeren oder kürzeren Stängel), 3 Lm übergehen, [4 Stb, 3 Lm, 1 Km] in die nächste Lm, je 1 Km in die restl Stängel-Lm. Garn A abschneiden und sichern.
2. Runde: Garn B von der rechten Seite der Arbeit aus mit 1 Km am 1. Stb anschlingen, 1 Lm, 1 hStb in dasselbe Stb, je 2 hStb in die nächsten 3 Stb, 1 Lm, 1 Km in die oberste der 3 Lm. Garn B abschneiden und sichern.
Alle Fadenenden vernähen.

BAUERNGARTEN

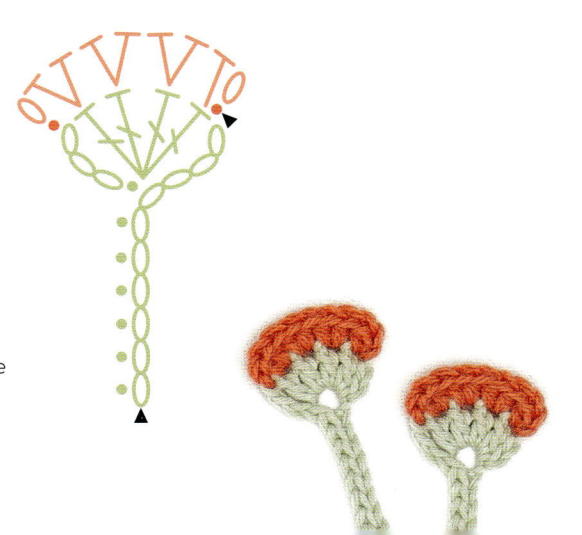

8

Material
- **Garne A und B:** verschiedene 4-fädige Baumwollhäkelgarne
- Häkelnadel 3,5 mm

Mit Garn A (Hellgrün) 12 Lm anschl.
1. Runde: 1 Lm übergehen, je 1 fM in die nächsten 11 Lm. Die Arbeitsschlinge auf einem MM oder einer Sicherheitsnadel stilllegen. Den Faden nicht abschneiden.
2. Runde: Von der rechten Seite der Arbeit aus Garn B (Dunkelgrün) mit 1 Km an der 1. Lm der 1. Rd anschlingen, 1 fM in die nächste Lm, je 1 hStb in die nächsten 2 Lm, 1 Stb in die nächste Lm, je 1 DStb in die nächsten 3 Lm, je 1 Stb in die nächsten 2 Lm, 1 hStb in die nächste Lm, [1 fM, 2 Lm, 1 fM] in die Wende-Lm; dann in die hMg der fM auf der anderen Seite des Blattes häkeln wie folgt: 1 hStb in die nächste fM, je 1 Stb in die nächsten 2 fM, je 1 DStb in die nächsten 3 fM, 1 Stb in die nächste fM, 1 hStb in die nächsten 2 fM, 1 fM in die nächste fM, 1 Km ins hMg der letzten fM. Garn B abschneiden und sichern.

Umrandung

Den MM entfernen und mit Garn A weiterhäkeln wie folgt: 1 Lm, je 1 fM in die nächsten 12 M, [1 fM, 2 Lm, 1 Lm übergehen, 1 Km in die nächste Lm, 1 fM] in den 2-Lm-Bg, je 1 fM in die nächsten 12 M, 1 Lm, 1 Km in die Anfangs-Lm.

Stängel

6 Lm, 1 Lm übergehen, je 1 Km in die nächsten 5 Lm, 1 Km in die Anfangs-Lm an der Blattbasis.
Garn A abschneiden und sichern. Alle Fadenenden vernähen.

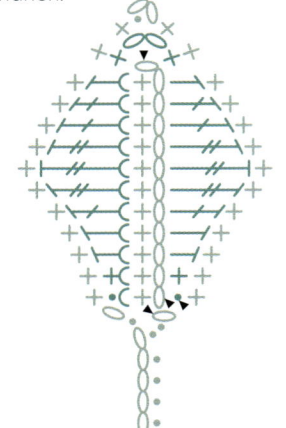

9

Material
- **Garn A:** Drops Safran (100 % Baumwolle; LL 160 m/50 g)
- Häkelnadel 3,5 mm

Mit Garn A (Grün) 14 Lm für den Stängel anschl.
Blatt: 7 Lm, 1 Lm übergehen, je 1 fM in die nächsten 6 Lm, den Faden unter der Arbeit weiterführen, 1 Lm, 1 Km in die 1. der 7 Lm vom Beginn, 1 fM in die nächste Lm, 1 hStb in die nächste Lm, 1 Stb in die nächste Lm, 1 hStb in die nächste Lm, 1 fM in die nächste Lm, 1 Km in die 7. Lm vom Anfang (Wende-Lm), 3 Lm, 2 Lm übergehen, 1 Km in die nächste Lm, 1 fM in die nächste fM, 1 hStb in die nächste fM, 1 Stb in die nächste fM, 1 hStb in die nächste fM, 1 fM in die nächste fM, 1 Km in die nächste fM, 1 Km in die nächste Lm. Je 1 Km in die nächsten 2 Stängel-Lm, 16 Lm für den Stängel, 1 Blatt, je 1 Km in die nächsten 6 Stängel-Lm, 4 Lm für den Stängel, 1 Blatt, je 1 Km in die restl Stängel-Lm.
Den Faden abschneiden und sichern. Die Fadenenden vernähen.

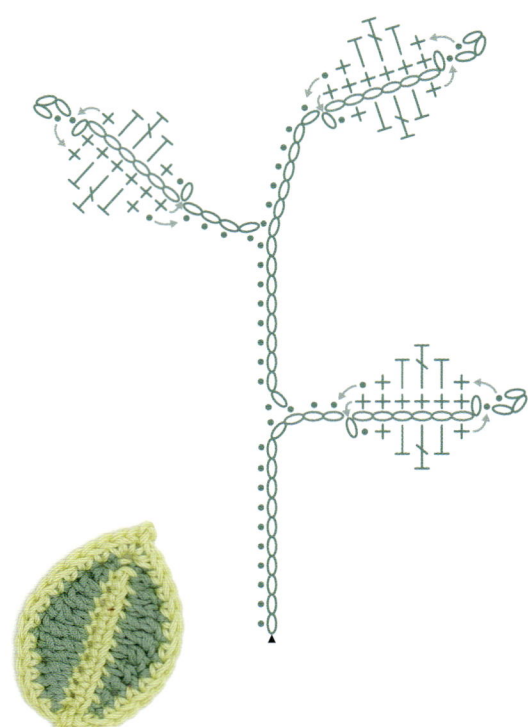

10 Material

+ **Garne A, B und C:** verschiedene Kombinationen Drops Baby Alpaca Silk (70 % Alpaca, 30 % Seide; LL 167 m/50 g) und Drops Alpaca (100 % Alpaca; LL 167 m/50 g)
+ Reste eines kontrastfarbenen Garns für die Knötchenstiche
+ Häkelnadel 3,5 mm

Mit Garn A (Orange) 5 Lm anschl und mit 1 Km in die 1. Lm zum Ring schließen.

1. Runde: Den Anfangsfaden mit umhäkeln. 3 Lm (als Ersatz für 1 Stb), 14 Stb in den Ring, die Rd mit 1 Km ins vMg der 3. Lm schließen. Vorsichtig am Anfangsfaden ziehen, um die Mitte zu schließen. Tipp: Es empfiehlt sich, ins hMg der 3. Lm einen MM einzuhängen, um den Beginn der 3. Rd zu kennzeichnen.

2. Runde (vordere Blütenblätter): In die vMg der Stb der 1. Rd häkeln wie folgt: 14 x [3 Lm, 1 Km ins vMg des nächsten Stb], 3 Lm, 1 Km in Km. Garn A abschneiden und sichern; die Rd unsichtbar schließen (siehe Seite 122).

3. Runde (hintere Blütenblätter): Garn B (Wollweiß) mit 1 Km am hMg der 3. Lm der 1. Rd (= markierte M) anschlingen, 3 Lm, 4 x [5 Stb ins hMg des nächsten Stb, 3 Lm, 1 Km ins hMg des nächsten Stb, 1 Km ins hMg des nächsten Stb, 3 Lm], 5 Stb ins hMg des nächsten Stb, 3 Lm, 1 Km ins nächste Stb, 1 Km in die Basis der 3 Anfangs-Lm. Garn B abschneiden und sichern.

Mitte: Mit kontrastfarbenem 4-fädigem Baumwollhäkelgarn oder Stickgarn einige Knötchenstiche in die Blütenmitte sticken (siehe Foto).

Den Faden abschneiden und sichern. Alle Fadenenden vernähen.

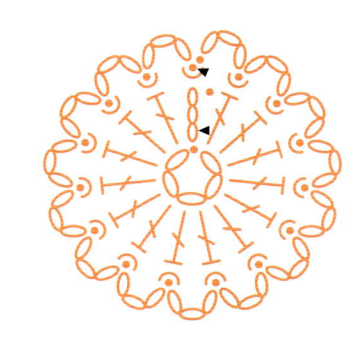

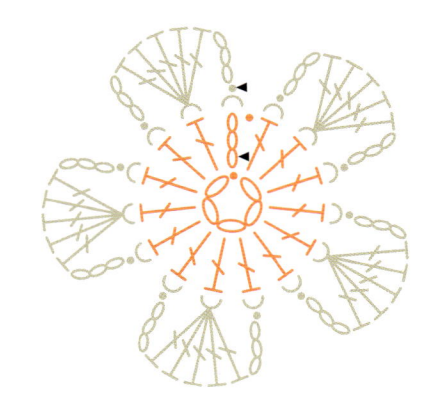

BAUERNGARTEN

Nostalgisches Blau

Zu dieser Collage haben mich die vielen unterschiedlichen Pflanzen und Blumen in meinem Garten inspiriert, darunter die schönen Formen und sanften Pastellfarben von Schleifenblumen und Skabiosen. Zarte Maiglöckchen, Immergrün und Clematis, aber auch Samenstände und belaubte Zweige vereinigen sich hier zu einem ausgesprochen hübschen Arrangement. Die dekorative Schale ist eine moderne Interpretation der zauberhaften Muster auf traditioneller blau-weißer Keramik.
Ich habe meine bevorzugten Töne von Blau, Violett und Grün gewählt, aber Sie können diese Collage leicht nach Belieben abwandeln und Ihr eigenes Bouquet in Ihren Lieblingsfarben gestalten.

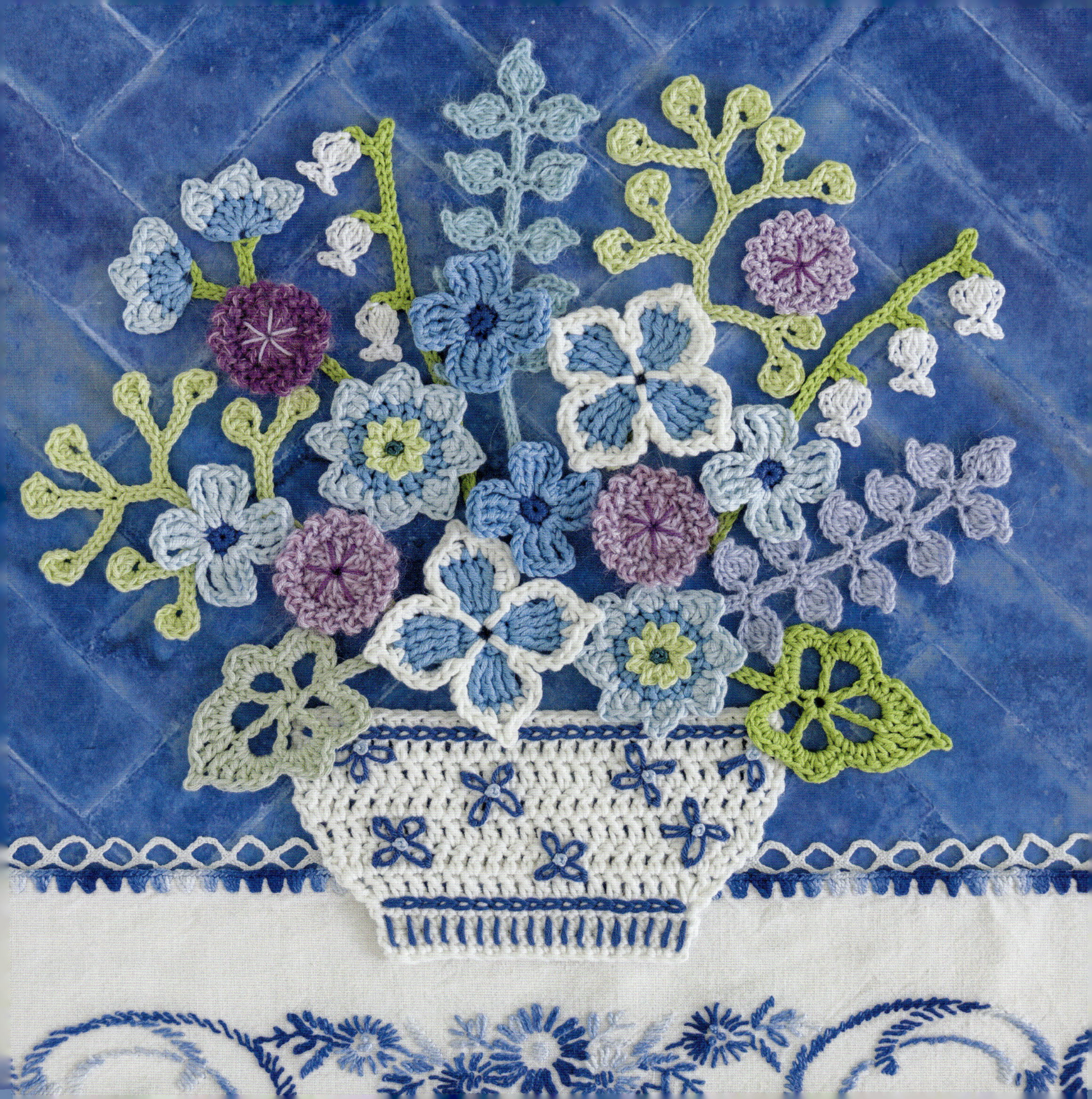

DIE MOTIVE

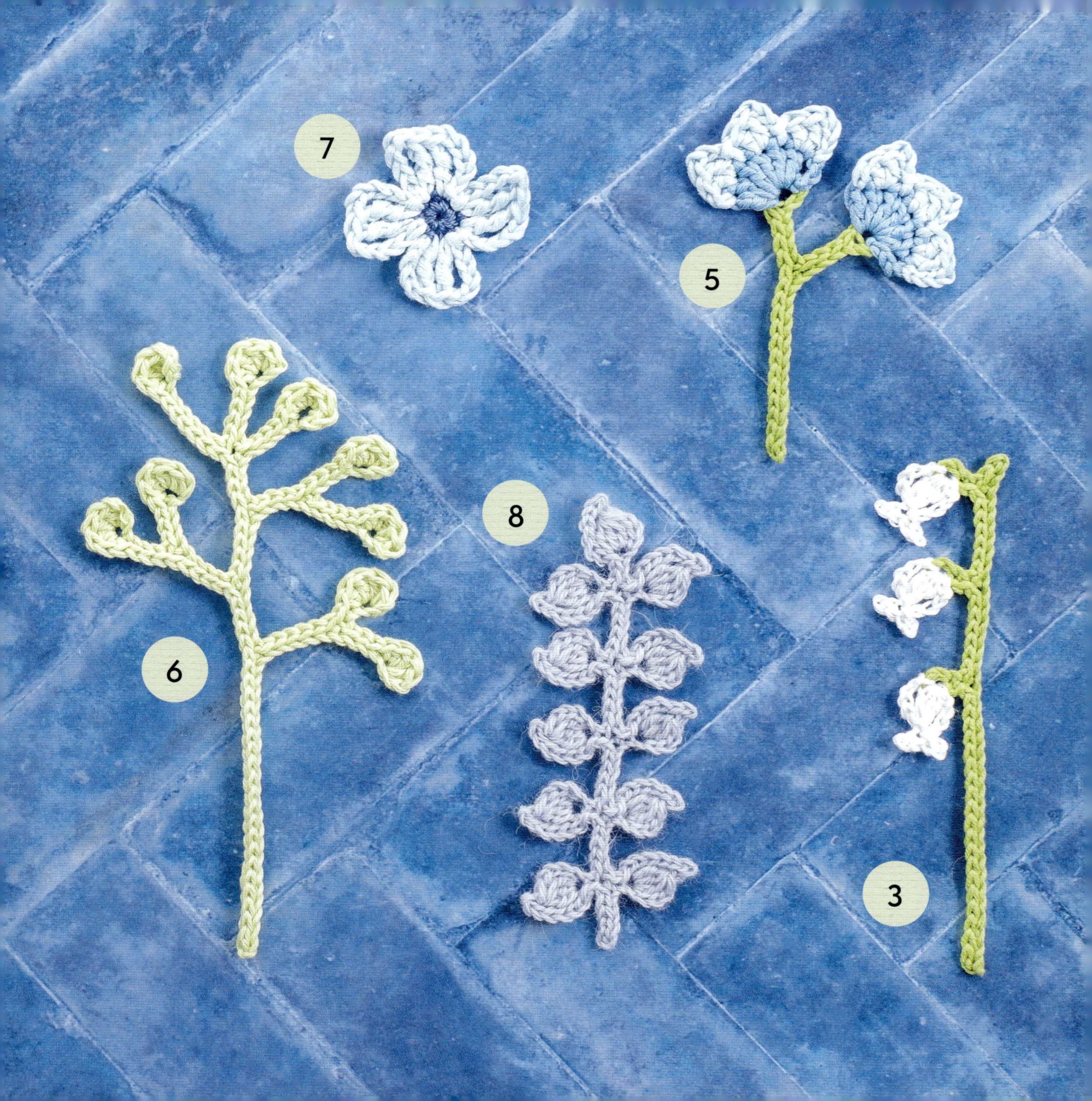
7
5
8
6
3

1

Material
- **Garn A:** 1 Faden Patons Cotton 4-ply (100 % Baumwolle; LL 330 m/100 g) bzw. 1 Faden King Cole Bamboo Cotton 4-ply (52 % Baumwolle, 48 % Viskose aus Bambusfasern; LL 370 m/100 g) zusammen mit 1 Faden Drops Kid-Silk (75 % Mohair, 25 % Seide; LL 210 m/25 g)
- Häkelnadel 3,5 mm

Mit Garn A (Lavendel) 5 Lm anschl und mit 1 Km in die 1. Lm zum Ring schließen.
1. Runde: 3 Lm (als Ersatz für 1 Stb), 14 Stb in den Ring, dabei den Anfangsfaden mit umhäkeln. Die Rd mit 1 Km in die oberste der 3 Lm schließen. Vorsichtig am Anfangsfaden ziehen, um das Loch in der Mitte zu schließen.
2. Runde: 14 x [3 Lm, 1 Km in das nächste Stb], 3 Lm, 1 Km in die Km am Ende der Vorrd. Garn A abschneiden und sichern.
Stickerei: Einen kontrastfarbenen Faden in eine stumpfe Sticknadel einfädeln und einige Spannstiche von der Mitte nach außen sticken, um Staubfäden darzustellen. Den Faden abschneiden und sichern. Alle Fadenenden vernähen.

2

Material
- **Garn A:** Scheepjes Catona (100 % Baumwolle; LL 125 m/50 g)
- **Garne B und C:** Drops Muskat (100 % Baumwolle; LL 100 m/50 g)
- Häkelnadel 4 mm

Mit Garn A (Hellgrün) einen Fadenring arb.
1. Runde: 1 Lm (zählt als 1 fM), 7 fM in den Ring, die Rd mit 1 Km ins vMg der 1. Lm schließen.
2. Runde: 8 x [2 Lm, 1 Km in die 2. Lm von der Häkelnd aus, 1 Km ins vMg der nächsten fM].
Garn A abschneiden und sichern.
3. Runde: Garn B (Blau) mit 1 Km am hMg der 1. Lm der 1. Rd anschlingen, 3 Lm, 1 Stb in dieselbe M, je 2 Stb in die hMg der nächsten 7 fM, die Rd mit 1 Km in die oberste der 3 Anfangs-Lm schließen, dabei bereits Garn C (Hellblau) durchziehen.
4. Runde: Mit Garn C weiterhäkeln wie folgt: * 3 Lm, 2 Stb ins nächste Stb, ** 1 Km ins nächste Stb, ab * noch 6 x wdh, dann von * bis ** noch 1 x wdh, die Rd unsichtbar schließen (siehe Seite 120).
Stickerei: Einen kontrastfarbenen Faden in eine stumpfe Sticknadel einfädeln und damit 1 Knötchenstich in die Mitte der Blüte sticken: Dazu durch die Mitte nach oben ausstechen, den Faden 3 x um die Sticknadel wickeln und die Nadel wieder durch die Mitte nach unten einstechen. Den Faden abschneiden und sichern. Alle Fadenenden vernähen.

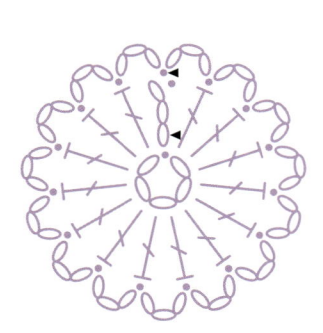

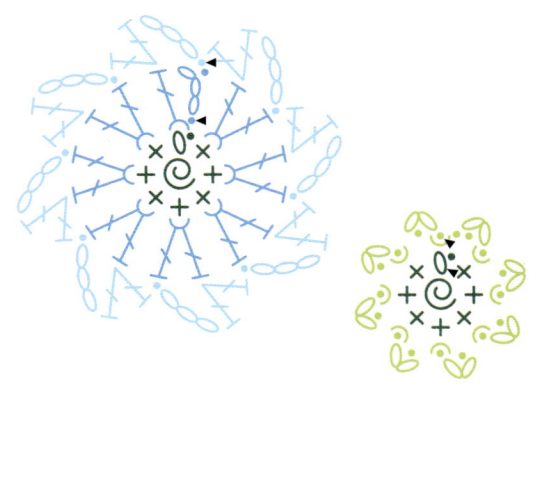

NOSTALGISCHES BLAU

3 Material

+ **Garne A und B:** Drops Safran (100 % Baumwolle; LL 160 m/50 g)
+ Häkelnadel 3 mm

Stängel

Mit Garn A (Grün) 25 Lm anschl.
1. Reihe: 1 Km in die 4. Lm von der Häkelnd aus, 1 Km in die nächste Lm, 2 x [12 Lm, 1 Km in die 4. Lm von der Häkelnd aus, 1 Km in die nächste Lm], 3 Lm, 1 Lm übergehen, 1 Km in jede Lm bis zum unteren Ende der Lm-Kette. Garn A abschneiden und sichern.

Blüte

Von der rechten Seite der Arbeit Garn B (Weiß) mit 1 Km am ersten 3-Lm-Bg des Stängels anschlingen.
1. Reihe: 4 Lm, 3-Stb-Bm in den 3-Lm-Bg, 3 Lm, 1 Lm übergehen, 1 Km in 2 Lm, 2 Lm, 1 Lm übergehen, 1 Km in 2 Lm, 4 Lm, 1 Km in den 3-Lm-Bg.
Den Faden abschneiden und sichern. Die Fadenenden vernähen.
In die übrigen 3-Lm-Bg je 1 weitere Blüte auf dieselbe Weise häkeln.

Hinweis: *Der Stängel kann wie folgt spiegelbildlich gearbeitet werden, damit die Blüten auf der anderen Seite herabhängen: 38 Lm, 1 Lm übergehen, je 1 Km in die nächsten 3 Stängel-Lm, 3 x [5 Lm, 3 Lm übergehen, je 1 Km in die nächsten 2 Lm, je 1 Km in die nächsten 7 Lm des Stängels], je 1 Km in die restl 20 Stängel-Lm. Den Faden abschneiden und sichern. Die Blüten hinzufügen, wie oben beschrieben.*

NOSTALGISCHES BLAU

49

4

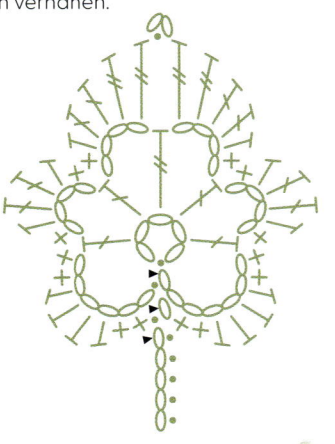

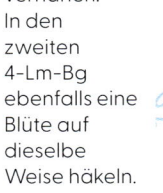

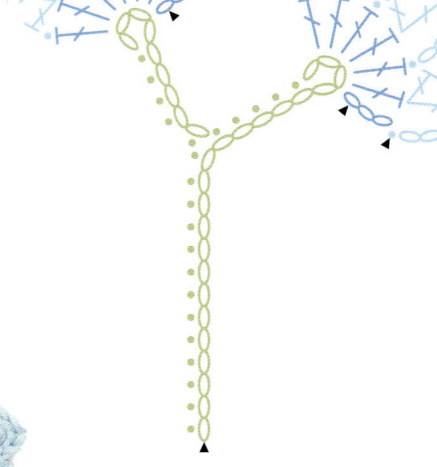

Material
- **Garn A:** Scheepjes Catona (100 % Baumwolle; LL 125 m/50 g)
- Häkelnadel 3,5 mm

Mit Garn A (Grün) 5 Lm anschl und mit 1 Km in die 1. Lm zum Ring schließen.
1. Runde: In den Ring häkeln wie folgt: 7 Lm, 1 Stb, 4 Lm, 1 Stb, 4 Lm, 1 DStb, 4 Lm, 1 Stb, 4 Lm, 1 Stb, 6 Lm, 1 Km in die 1. der 7 Lm vom Rd-Beginn.
2. Runde: 1 Lm, [2 fM, 4 hStb, 2 fM] in den 7-Lm-Bg, [1 fM, 1 hStb, 2 Stb, 1 hStb, 1 fM] in den ersten 4-Lm-Bg, [1 fM, 1 hStb, 2 Stb, 2 DStb] in den zweiten 4-Lm-Bg, 2 Lm, 1 Lm übergehen, 1 Km in die nächste Lm, [2 DStb, 2 Stb, 1 hStb, 1 fM] in den dritten 4-Lm-Bg, [1 fM, 1 hStb, 2 Stb, 1 hStb, 1 fM] in den vierten 4-Lm-Bg, [2 fM, 4 hStb, 2 fM] in den 6-Lm-Bg, 1 Km in die 1. Lm. Lm häkeln bis zur gewünschten Stängellänge, 1 Lm übergehen, dann 1 Km in jede der übrigen Stängel-Lm häkeln, mit 1 Km in die Anfangs-Lm an der Basis des Blattes enden.
Den Faden abschneiden und sichern. Die Fadenenden vernähen.

5

Material
- **Garn A:** Drops Safran (100 % Baumwolle; LL 160 m/50 g)
- **Garne B und C:** Drops Muskat (100 % Baumwolle; LL 100 m/50 g)
- Häkelnadeln 3,5 mm und 4 mm

Stängel
Mit Garn A (Grün) und der dünneren Häkelnd 22 Lm anschl, 4 Lm übergehen, je 1 Km in die nächsten 5 Lm, 9 Lm, 4 Lm übergehen, je 1 Km in die nächsten 18 Lm. Den Faden abschneiden und sichern.

Blüte
Mit Garn B (Blau) der dickeren Häkelnd 1 Km in den ersten 4-Lm-Bg arb.
1. Reihe (Hinr): 3 Lm (als Ersatz für 1 Stb), 6 Stb in den 4-Lm-Bg. Garn B abschneiden und sichern.
2. Reihe: Von der rechten Seite der Arbeit aus mit Garn C (Hellblau) 1 Km in die oberste der 3 Lm der 1. R arb, 3 Lm, 2 Stb in 1 Stb, * [1 Km, 3 Lm, 2 Stb] in 1 Stb; ab * noch 1 x wdh, 1 Km ins letzte Stb.
Den Faden abschneiden und sichern. Die Fadenenden vernähen.
In den zweiten 4-Lm-Bg ebenfalls eine Blüte auf dieselbe Weise häkeln.

NOSTALGISCHES BLAU

50

6

Material
+ **Garn A:** Scheepjes Catona (100 % Baumwolle; LL 125 m/50 g)
+ Häkelnadel 3,5 mm

Mit Garn A (Hellgrün) 10 Lm anschl.

Hinweis: *Mehr oder weniger Lm für einen längeren oder kürzeren Zweig arb.*

1. Zweig: 13 Lm, 1 Samenstand (siehe unten), je 1 Km in die nächsten 3 Lm, 5 Lm, 1 Samenstand, je 1 Km in die nächsten 7 Lm.
2. Zweig: 22 Lm, 1 Samenstand, je 1 Km in die nächsten 4 Lm, 7 Lm, 1 Samenstand, je 1 Km in die nächsten 7 Lm.
3. Zweig: 12 Lm, 1 Samenstand, je 1 Km in die nächsten 5 Lm, 7 Lm, 1 Samenstand, je 1 Km in die nächsten 3 Lm, 10 Lm, 1 Samenstand, je 1 Km in die nächsten 10 Lm.
4. Zweig: Je 1 Km in die nächsten 5 Lm, 10 Lm, 1 Samenstand, je 1 Km in die nächsten 3 Lm, 7 Lm, 1 Samenstand, je 1 Km in die restl Zweig-Lm.
Den Faden abschneiden und sichern. Die Fadenenden vernähen.

Besondere Technik
Samenstand: 3 Lm übergehen, [3 Stb, 1 fM] in die nächste Lm.

7

Material
+ **Garn A:** Patons Cotton DK (100 % Baumwolle; LL 210 m/100 g)
+ **Garn B:** Drops Muskat (100 % Baumwolle; LL 100 m/50 g)
+ Häkelnadel 3,5 mm

Mit Garn A (Dunkelblau) einen Fadenring arb.
1. Runde: 1 Lm (zählt als 1 fM), 7 fM in den Ring, die Rd mit 1 Km in die 1. Lm schließen, dabei bereits Garn B (Mittelblau) durchziehen.
2. Runde: Mit Garn B weiterhäkeln wie folgt: 4 Lm, 1 DStb in dieselbe M, [1 DStb, 4 Lm, 1 Km] in die nächste fM, * [1 Km, 4 Lm, 1 DStb] in die nächste fM, [1 DStb, 4 Lm, 1 Km] in die nächste fM; ab * noch 2 x wdh.
Den Faden abschneiden und sichern. Die Fadenenden vernähen.

Hinweis: *Die Blütenblätter rollen sich leicht ein. Man kann sie mit Sprühstärke einsprühen oder spannen, um sie in Form zu halten.*

NOSTALGISCHES BLAU

8

Material
- **Garn A:** Drops Flora (65 % Baumwolle, 35 % Alpaka; LL 210 m/50 g) oder Drops Alpaca (100 % Alpaca; LL 167 m/50 g)
- Häkelnadel 3 mm

Mit Garn A (Hellblau) 5 Lm für den Stängel anschl.
Blatt: [6 Lm, 4 Lm übergehen, 3-Stb-Bm in 1 Lm, 2 Lm, 1 Lm übergehen, 1 Km in die nächste Lm, 5 Lm, 1 Km in die 5. Lm der Anfangs-Lm-Kette, 1 Km in die nächste Lm].
* 5 Lm, 1 Blatt; ab * noch 3 x wdh (= insgesamt 5 Blätter), 1 Lm für den Stängel, 1 Blatt, 5 x [1 Blatt, je 1 Km in die nächsten 5 Stängel-Lm].
Den Faden abschneiden und sichern. Die Fadenenden vernähen.

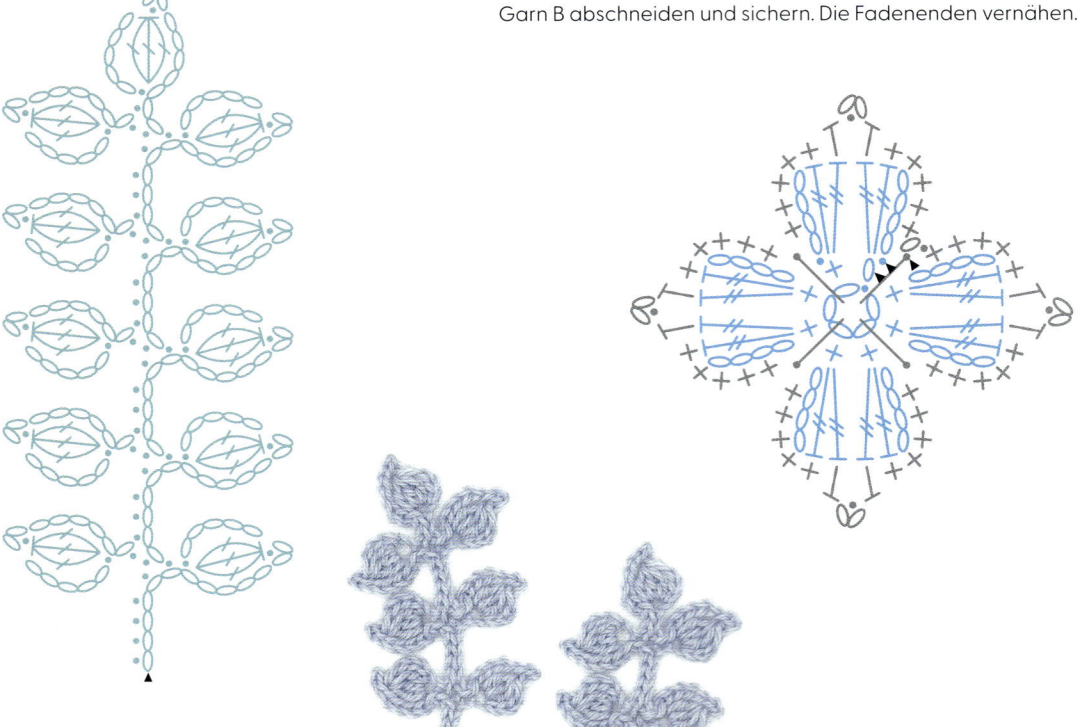

9

Material
- **Garn A:** Drops Muskat (100 % Baumwolle; LL 100 m/50 g)
- **Garn B:** Rico Essentials Organic Cotton Aran (100 % Baumwolle; LL 90 m/50 g)
- Häkelnadel 4 mm

Mit Garn A (Blau) 5 Lm anschl und mit 1 Km in die 1. Lm zum Ring schließen.
1. Runde: 1 Lm (zählt als 1 fM), 7 fM in den Ring, die Rd mit 1 Km in die 1. Lm schließen.
2. Runde: 4 Lm, 2 DStb in dieselbe M, [2 DStb, 4 Lm, 1 Km] in die nächste fM, * [1 Km, 4 Lm, 2 DStb] in die nächste fM, [2 DStb, 4 Lm, 1 Km] in die nächste fM; ab * noch 2 x wdh. Garn A abschneiden und sichern.
3. Runde: Garn B (Weiß) mit 1 verlängerter Km zwischen 2 Blütenblätter am Anfangsring anschlingen, 1 Lm, * 4 fM in den 4-Lm-Bg, 1 fM in 1 DStb, 1 hStb in 1 DStb, 2 Lm, 1 Lm übergehen, 1 Km in die nächste Lm, 1 hStb in 1 DStb, 1 fM in 1 DStb, 4 fM in den 4-Lm-Bg, ** 1 verlängerte Km in den Anfangsring; ab * noch 2 x wdh, dann von * bis ** noch 1 x wdh, 1 Km in die 1. Lm.
Garn B abschneiden und sichern. Die Fadenenden vernähen.

NOSTALGISCHES BLAU

10 Material

+ **Garn A:** Rico Essentials Organic Cotton Aran (100 % Baumwolle; LL 90 m/50 g)
+ **Garn B:** Baumwollhäkelgarn in DK-Stärke (LL ca. 115 m/50 g)
+ **Garn C:** 4-fädiges Baumwollhäkelgarn (LL ca. 170 m/50 g)
+ Häkelnadel 4 mm

Mit Garn A (Weiß) 20 Lm anschl; wenden.
1. Reihe (Hinr): 1 Lm übergehen, 1 fM in jede folg Lm, 1 Lm (zählt nicht als M); wenden (= 19 M).
2.–4. Reihe: Die 1. R noch 3 x wdh, jedoch am Ende der 4. R statt 1 Lm 3 Lm häkeln (zählen nicht als M); wenden.
5. Reihe: 2 Stb in 1 fM, je 1 Stb in die nächsten 17 fM, 2 Stb in die nächste fM; mit 3 Lm wenden (= 21 M).
6. Reihe: 2 x [2 Stb in 1 Stb], je 1 Stb in die nächsten 17 Stb, 2 x [2 Stb in 1 Stb]; mit 3 Lm wenden (= 25 M).
7. Reihe: 1 Stb in jedes Stb der Vorr; mit 3 Lm wenden (= 25 M).
8. Reihe: 2 Stb in 1 Stb, je 1 Stb in die nächsten 23 Stb, 2 Stb in 1 Stb; mit 3 Lm wenden (= 27 M).
9. Reihe: 1 Stb in jedes Stb der Vorr; mit 3 Lm wenden (= 27 M).
10. Reihe: 1 Stb in jedes Stb der Vorr; mit 1 Lm wenden (= 27 M).
11. Reihe: 1 fM in jedes Stb der Vorr. Den Faden abschneiden und sichern.

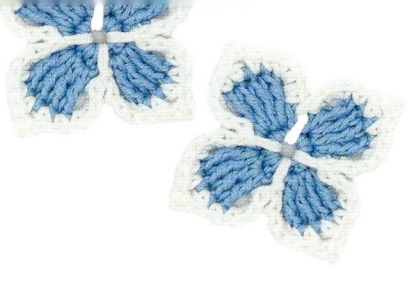

Stickerei

Mit Garn B (Blau) und einer stumpfen Sticknadel 1 R Kettenstiche oberhalb des Sockels entlang der 4. Häkel-R arb (siehe Fotos auf Seite 45 und 46).
Über die 1.–3. R vertikale Spannstiche sticken.
1 R Kettenstiche unter dem oberen Rand des Gefäßes zwischen der 10. und 11. Häkel-R arb.
Mit Garn B Blüten aus jeweils 4 Margeritenstichen auf das Gefäß sticken und jeweils 1 Knötchenstich aus Garn C (Hellblau) in die Mitte setzen.
Den Faden abschneiden und sichern. Alle Fadenenden vernähen.

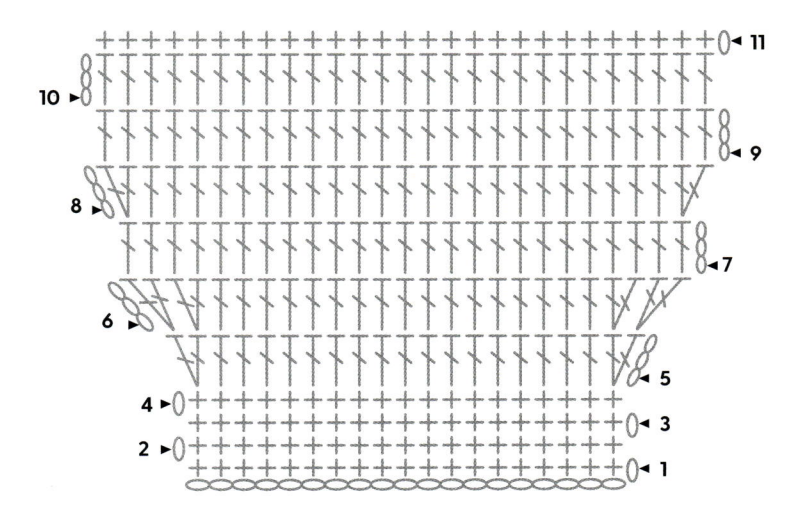

NOSTALGISCHES BLAU

Mittsommertraum

An einem warmen, sonnigen Sommertag im Garten gibt es nichts Schöneres, als im Gras zu liegen und in den Himmel zu schauen, während Blütenstängel über einem nicken und das hohe Gras sanft im Wind wogt. Diese Collage soll Sie einladen, einen Augenblick zu verweilen und sich einem solchen sommerlichen Tagtraum hinzugeben. Manche Blüten basieren auf einigen meiner Lieblingsblumen, beispielsweise die Cosmea in Zartrosa und Weiß oder die wunderschönen großen Fenchelblüten in Senfgelb. Andere habe ich erfunden – eine fantasievolle Blütenwiese voller entzückender Blumen und Blätter. Zusätzlich haben mich einige der Formen, Farben und Muster der traditionellen Folk-Art-Malereien zu diesem Arrangement angeregt.

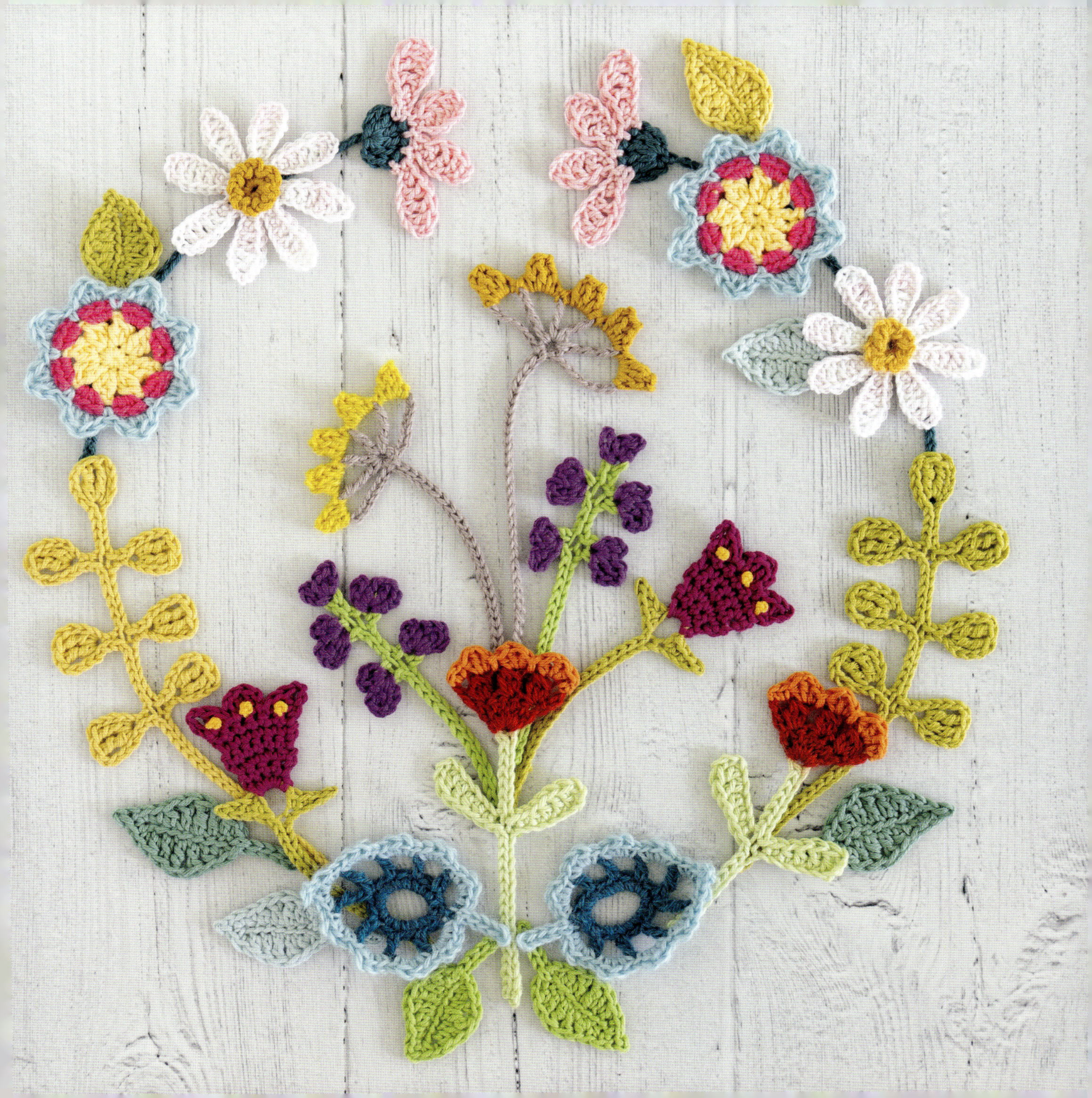

DIE MOTIVE

6

10

7

5

2

4

1

9

8

3

MITTSOMMERTRAUM

1

Material
- **Garn A:** Drops Alpaca (100 % Alpaca; LL 167 m/50 g) oder Drops Safran (100 % Baumwolle; LL 160 m/50 g)
- **Garn B:** King Cole Giza Cotton 4-ply (100 % Baumwolle; LL 160 m/50 g)
- Häkelnadel 3 mm

Mit Garn A (Gelb) 5 Lm anschl und mit 1 Km in die 1. Lm zum Ring schließen.
1. Runde: 1 Lm (zählt als M), 7 fM in den Ring, die Rd mit 1 Km ins vMg der 1. Lm schließen.
2. Runde: 8 x [2 Lm, 1 Km ins vMg der nächsten fM]. Garn A abschneiden und sichern.
3. Runde: Garn B (Hellrosa) mit 1 Km am hMg der 1. fM der 1. Rd anschlingen, 8 x [10 Lm, 4 Lm übergehen, 1 Stb, 1 DStb, 2 Stb, 1 hStb, 1 fM in die Lm-Kette, 1 Km ins hMg der nächsten fM], mit 1 Km ins hMg der 1. fM enden.
Den Faden abschneiden und sichern. Die Fadenenden vernähen.

2

Material
- **Garn A:** Scheepjes Catona (100 % Baumwolle; LL 125 m/50 g)
- **Garn B:** Weny Supreme Luxury Cotton DK (100 % Baumwolle; LL 201 m/100 g)
- Häkelnadel 3,5 mm

Mit Garn A (Grün) einen Fadenring arb.
1. Runde: 3 Lm, 4 Stb, 3 Lm, 1 Km in den Ring. Den Fadenring noch nicht völlig zusammenziehen, wenn Sie später noch einen Stängel anhäkeln wollen. Garn A abschneiden und sichern.
2. Runde: Von der rechten Seite der Arbeit aus Garn B (Rosa) mit 1 Km am 1. Stb anschlingen, 3 x [8 Lm, 3 Lm übergehen, 1 Stb, 1 DStb, 1 Stb, 1 hStb, 1 fM in die Lm-Kette, 1 Km in das nächste Stb], 8 Lm, 3 Lm übergehen, 1 Stb, 1 DStb, 1 Stb, 1 hStb, 1 fM in die Lm-Kette, 1 Km ins letzte Stb. Garn B abschneiden und sichern.

Stängel
Garn A mit 1 Km am Fadenring anschlingen, Lm bis zur gewünschten Stängellänge häkeln, dann den Faden abschneiden und sichern. Vorsichtig am Anfangsfaden des Fadenrings ziehen, um den Ring zu schließen. Alle Fadenenden vernähen.

3

Material

- **Garn A:** Drops Safran (100 % Baumwolle; LL 160 m/50 g)
- Häkelnadel 3 mm

Mit Garn A (Gelb) 20 Lm für den Stängel anschl.
Blatt: [7 Lm, 4 Lm übergehen, 2 DStb in 1 Lm, 4 Lm, 1 Km in die Lm an der Basis der 2 DStb, je 1 Km in die nächsten 2 Lm].
2 x [6 Lm, 1 Blatt], 2 Lm, 1 Blatt, je 1 Km in die nächsten 4 Lm, 1 Blatt, 2 x [je 1 Km in die nächsten 8 Lm, 1 Blatt], je 1 Km in die restl Stängel-Lm.
Den Faden abschneiden und sichern. Die Fadenenden vernähen.

4

Material

- **Garn A:** Rico Design Creative Ricorumi DK (100 % Baumwolle; LL 57,5 m/25 g) oder Scheepjes Catona (100 % Baumwolle; LL 125 m/50 g)
- **Garn B:** Drops Safran (100 % Baumwolle; LL 160 m/50 g)
- Häkelnadel 3,5 mm

Mit Garn A (Blau) 12 Lm anschl und mit 1 Km in die 1. Lm zum Ring schließen.
1. Runde: 1 Lm, 15 fM in den Ring, die Rd mit 1 Km in die 1. Lm schließen.
2. Runde: 3 Lm, 1 fM übergehen, 3 x [1 Stb in 1 fM, 1 fM übergehen, 2 Lm], [1 DStb, 3 Lm, 1 DStb] in 1 fM, 3 x [2 Lm, 1 fM übergehen, 1 Stb in 1 fM], 3 Lm, 1 fM übergehen, 1 Km in die ursprüngliche Km am Rd-Schluss, dabei bereits Garn B (Hellblau) durchziehen.
3. Runde: Mit Garn B weiterhäkeln wie folgt: 1 Lm, [2 fM, 2 hStb, 1 fM] in den 3-Lm-Bg, * [1 fM, 2 hStb, 1 fM] in den 2-Lm-Bg *; von * bis * noch 2 x wdh, [1 fM, 1 hStb, 3 Lm, 2 Lm übergehen, 1 Km in die nächste Lm, 1 hStb, 1 fM] in den 3-Lm-Bg; von * bis * 3 x wdh, [1 fM, 2 hStb, 2 fM] in den 3-Lm-Bg, 1 Km in die 1. Lm, 5 Lm, 1 Lm übergehen, je 1 Km in die nächsten 4 Lm, 1 Km in die Anfangs-Lm an der Basis des Blattes.
Den Faden abschneiden und sichern. Die Fadenenden vernähen.

MITTSOMMERTRAUM

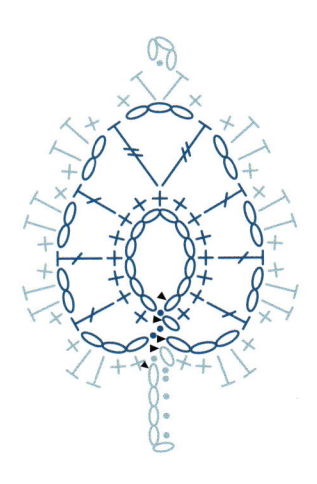

5

Material

- **Garn A:** Scheepjes Catona (100 % Baumwolle; LL 125 m/50 g)
- **Garn B:** Drops Alpaca (100 % Alpaca; LL 167 m/50 g)
- **Garn C:** Drops Safran (100 % Baumwolle; LL 160 m/50 g)
- Häkelnadel 3,5 mm

Mit Garn A (Hellgrün) 10 Lm anschl. (Je nach gewünschter Stängellänge können mehr oder weniger Lm gehäkelt werden.)
Blatt: [9 Lm, 3 Lm übergehen, 1 Stb in 2 Lm, je 1 hStb in die nächsten 2 Lm, 1 fM in die nächste Lm, 1 Km in die nächste Lm].
10 Lm, 3 Lm übergehen, je 1 Km in die nächsten 7 Lm, 1 Blatt, je 1 Km in die restl 10 Stängel-Lm. Garn A abschneiden und sichern.

Blüte
1. Reihe: Von der linken Seite der Arbeit aus Garn B (Rot) mit 1 Km am 3-Lm-Bg am oberen Ende des Stängels anschlingen, 3 Lm, 5 Stb in den 3-Lm-Bg, 4 Lm; wenden.
2. Reihe (Hinr): 2 x [3-Stb-Bm in 1 Stb, 1 Stb übergehen, 1 Lm], 3-Stb-Bm in 1 Stb, 4 Lm, 1 Km in die oberste der 3 Lm der 1. R. Garn B abschneiden und sichern.
3. Reihe: Von der rechten Seite der Arbeit Garn C (Orange) mit 1 Km am 4-Lm-Bg anschlingen, 1 fM in denselben Bg, * [1 hStb, 1 Stb, 1 hStb] in die 3-Stb-Bm, 1 Km in den 1-Lm-Bg; ab * noch 1 x wdh, [1 hStb, 1 Stb, 1 hStb] in den 3-Stb-Bm, [1 fM, 1 Km] in den 4-Lm-Bg. Garn C abschneiden und sichern. Alle Fadenenden vernähen.

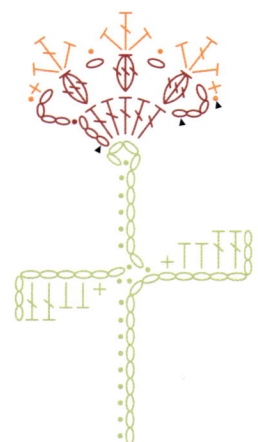

6

Material

- **Garn A und Garn B:** Drops Safran (100 % Baumwolle; LL 160 m/50 g)
- **Garn C:** Drops Alpaca (100 % Alpaca; LL 167 m/50 g)
- Häkelnadel 3 mm

Mit Garn A (Gelb) einen Fadenring arb, 1 Lm (zählt als 1 fM).
1. Runde: 7 fM in den Ring, die Rd mit 1 Km in die 1. Lm schließen.
2. Runde: 3 Lm (als Ersatz für 1 Stb), 1 Stb in dieselbe M, 1 Lm, 7 x [2-Stb-Bm in 1 fM, 1 Lm], die Rd mit 1 Km in die oberste der 3 Lm schließen. Garn A abschneiden und sichern.
3. Runde: Garn B (Rosa) mit 1 Km an einem 1-Lm-Bg der 2. Rd anschlingen, 1 Lm (zählt als 1 fM), 2 fM in denselben 1-Lm-Bg, 1 Lm, 7 x [3 fM in den 1-Lm-Bg, 1 Lm]. Die Rd mit 1 Km in die Anfangs-Lm schließen. Garn B abschneiden und sichern.
4. Runde: Garn C (Hellblau) mit 1 Km an einem 1-Lm-Bg der 3. Rd anschlingen, 1 fM in denselben Bg, 7 x [3 Lm, 1 fM in den 1-Lm-Bg], 3 Lm, die Rd mit 1 Km in die 1. fM schließen.
5. Runde: [1 Km, 1 hStb, 1 Stb, 1 hStb, 1 Km] in jeden 3-Lm-Bg der Vorrd häkeln. Garn C abschneiden und sichern. Alle Fadenenden vernähen.

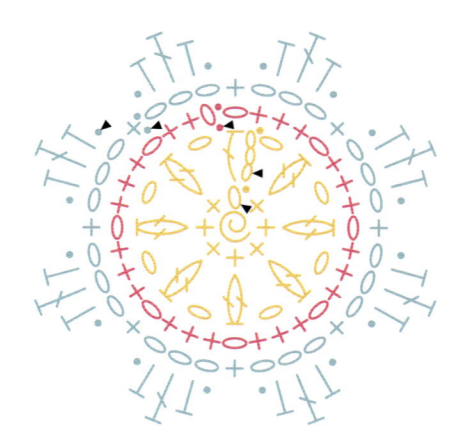

7 *Material*
+ **Garne A und B:** Drops Safran (100 % Baumwolle; LL 160 m/50 g)
+ Reste von 4-fädigem Baumwollhäkelgarn oder Sticktwist für die Knötchenstiche
+ Häkelnadel 3 mm oder 3,5 mm

Stängel

Mit Garn A (Gelb) Lm für die gewünschte Stängellänge häkeln; 5 Lm, 1 Lm übergehen, 1 Km in die nächste Lm, je 1 fM in die nächsten 3 Lm, 8 Lm, 1 Lm übergehen, 1 Km in die nächste Lm, je 1 fM in die nächsten 3 Lm, 3 Lm übergehen, je 1 Km in die restl Stängel-Lm. Garn A abschneiden und sichern.

Blüte

1. Reihe (Hinr): Von der rechten Seite der Arbeit aus Garn B (Violett) mit 1 Km am 3-Lm-Bg am oberen Ende des Stängels anschlingen, 1 Lm (zählt nicht als M), 4 fM in denselben 3-Lm-Bg; mit 1 Lm wenden.
2. Reihe: 1 fM in 4 fM; mit 1 Lm wenden.
3. Reihe: 1 fM in 1 fM, je 2 fM in die nächsten 2 fM, 1 fM in die nächste fM; mit 1 Lm wenden (= 6 M).
4. und 5. Reihe: Je 1 fM in die 6 fM der Vorr; mit 1 Lm wenden.
6. Reihe: Je 1 fM in die 6 fM der Vorr; mit 3 Lm wenden.
7. Reihe: 1 Stb in die M an der Basis der 3 Lm, [1 hStb, 1 Km] in die nächste fM, [1 Km, 2 Lm, 1 Stb] in die nächste fM, [1 Stb, 2 Lm, 1 Km] in die nächste fM, [1 Km, 1 hStb] in die nächste fM, [1 Stb, 3 Lm, 1 Km] in die nächste fM. Garn B abschneiden und sichern.

Stickerei

Mit 4-fädigem Baumwollhäkelgarn oder Sticktwist in einer Kontrastfarbe einen Knötchenstich an die Basis jedes der oberen Blütenblätter sticken.
Alle Fadenenden vernähen.

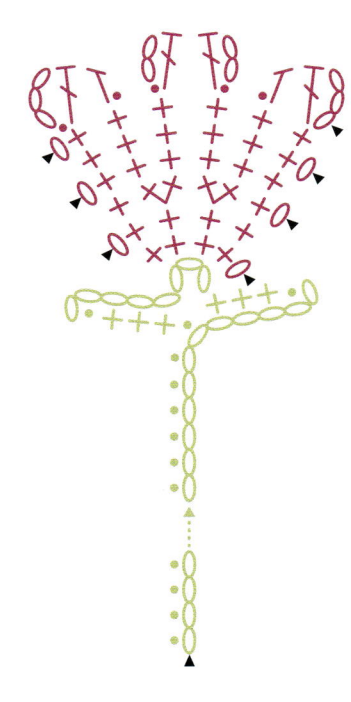

MITTSOMMERTRAUM

8 Material

- **Garn A:** Drops Safran (100 % Baumwolle; LL 160 m/50 g)
- **Garn B:** King Cole Bamboo Cotton 4-ply (52 % Baumwolle, 48 % Viskose aus Bambusfasern; LL 370 m/100 g)
- Häkelnadel 3 mm oder 3,5 mm

Stängel

Mit Garn A (Grün) Lm für die gewünschte Stängellänge anschl, 4 Lm, 3 Lm übergehen, 1 Km in die nächste Lm, 7 Lm, 3 Lm übergehen, 1 Km in die nächste Lm, 5 Lm, 3 Lm übergehen, je 1 Km in die nächsten 2 Lm, 4 Lm, 3 Lm übergehen, je 1 Km in die nächsten 5 Lm, 4 Lm, 3 Lm übergehen, je 1 Km die restl Stängel-Lm. Garn A abschneiden und sichern.

Knospen

Garn B (Violett) mit 1 Km am ersten 4-Lm-Bg anschlingen und in den 4-Lm-Bg häkeln wie folgt: 3 Lm, 1 Stb, 2 Lm, 1 Km, 2 Lm, 1 hStb, 1 Lm, 1 Km. Den Faden jetzt und nach jeder weiteren Knospe abschneiden und sichern. Eine weitere Knospe auf dieselbe Weise in den zweiten 4-Lm-Bg häkeln. In den dritten 4-Lm-Bogen [1 Km, 2 Lm, 1 hStb, 1 Lm, 1 Km, 2 Lm, 1 hStb, 1 Lm, 1 Km] arb. In den vierten und fünften 4-Lm-Bg jeweils häkeln wie folgt: 1 Km, 1 Lm, 1 hStb, 2 Lm, 1 Km, 2 Lm, 1 Stb, 3 Lm, 1 Km.
Den Faden abschneiden und sichern. Die Fadenenden vernähen.

Tipp

Eine Anleitung zum Vernähen vieler Fadenenden finden Sie auf Seite 123.

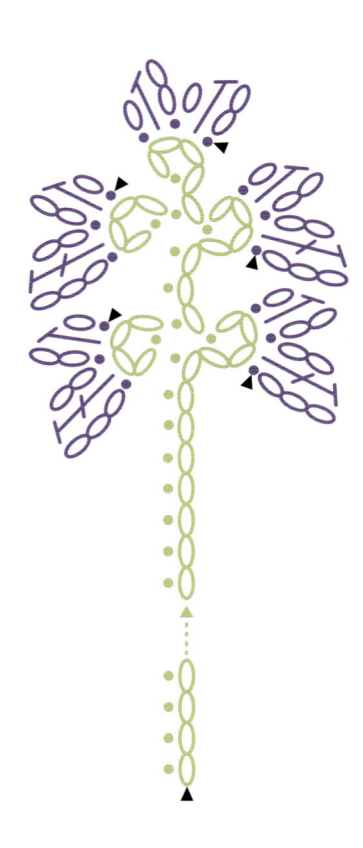

9

Material
+ **Garn A:** Drops Baby Alpaca Silk (70 % Alpaca, 30 % Seide; LL 167 m/50 g)
+ **Garn B:** Drops Alpaca (100 % Alpaca; LL 167 m/50 g) oder Drops Safran (100 % Baumwolle; LL 160 m/50 g)
+ Häkelnadel 3 mm

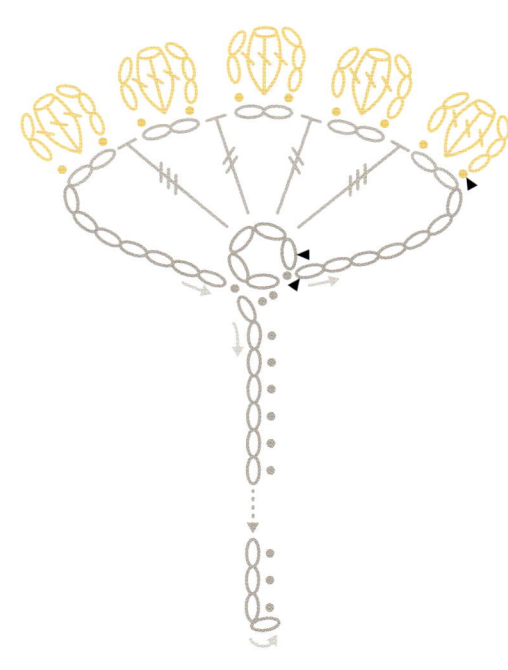

Stängel

Mit Garn A (Beige) 5 Lm anschl und mit 1 Km in die 1. Lm zum Ring schließen. 9 Lm, 1 Dreifach-Stb in den Ring, 2 x [2 Lm, 1 DStb] in den Ring, 2 Lm, 1 Dreifach-Stb in den Ring, 9 Lm, 1 Km in den Ring. Lm bis zur gewünschten Stängellänge häkeln, 1 Lm übergehen, dann 1 Km in jede Lm des Stängels, mit 1 Km in den Ring enden. Garn A abschneiden und sichern.

Samenstände

Von der rechten Seite der Arbeit aus mit Garn B (Gelb) den 1. Samenstand in den oberen Teil des 9-Lm-Bg arb wie folgt: [1 Km, 3 Lm, 3-Stb-Popcorn, 2 Lm, 1 Km] in den 9-Lm-Bg.
In jeden der übrigen Lm-Bg 1 Samenstand auf dieselbe Weise häkeln.
Den Faden abschneiden und sichern. Die Fadenenden vernähen.

10

Material
+ **Garn A:** verschiedene Baumwollhäkelgarne
+ Häkelnadel 3,5 mm

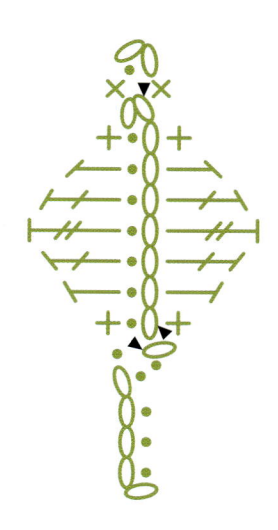

Mit Garn A (Grün) 9 Lm anschl, 2 Lm übergehen, je 1 Km in die nächsten 7 Lm.
1. Runde: 1 Lm, dann in die hMg der Lm-Kette vom Beginn häkeln wie folgt: 1 fM, 1 hStb, 1 Stb, 1 DStb, 1 Stb, 1 hStb, 1 fM, [1 fM, 2 Lm, 1 Lm übergehen, 1 Km in die nächste Lm, 1 fM] in den 2-Lm-Bg; dann über die andere Seite des Blattes in die Km häkeln wie folgt: 1 fM, 1 hStb, 1 Stb, 1 DStb, 1 Stb, 1 hStb, 1 fM, 1 Km in die Anfangs-Lm.
Stängel: 5 Lm, 1 Lm übergehen, je 1 Km in die nächsten 4 Lm, 1 Km in die nächste Lm an der Basis des Blattes.
Den Faden abschneiden und sichern. Die Fadenenden vernähen.

Blumenwiese

Eines der Beete in meinem Garten ist wie eine Präriewiese gestaltet, mit Ziergräsern, die mit hohen Staudenblumen durchsetzt sind. Die Gräser verleihen der Wiese Höhe, Bewegung und Struktur und bilden einen weichen und dunstigen Hintergrund in Hellgrün und Gold für die juwelenartig leuchtenden Farben der Blumen. Die Wiese wächst und entwickelt sich weiter, weil die Pflanzen aussamen und sich von selbst ausbreiten, was zu überraschenden Kombinationen und vielen „glücklichen Zufällen" führt. Die Inspiration für Form und Farbe der Blumen in dieser Collage stammt von Pflanzen wie Eisenkraut, Echinacea und Rudbeckia. Mein besonderer Liebling ist das Eisenkraut mit seinen hohen, verzweigten, luftigen Stängeln und den atemberaubenden violetten Blüten.

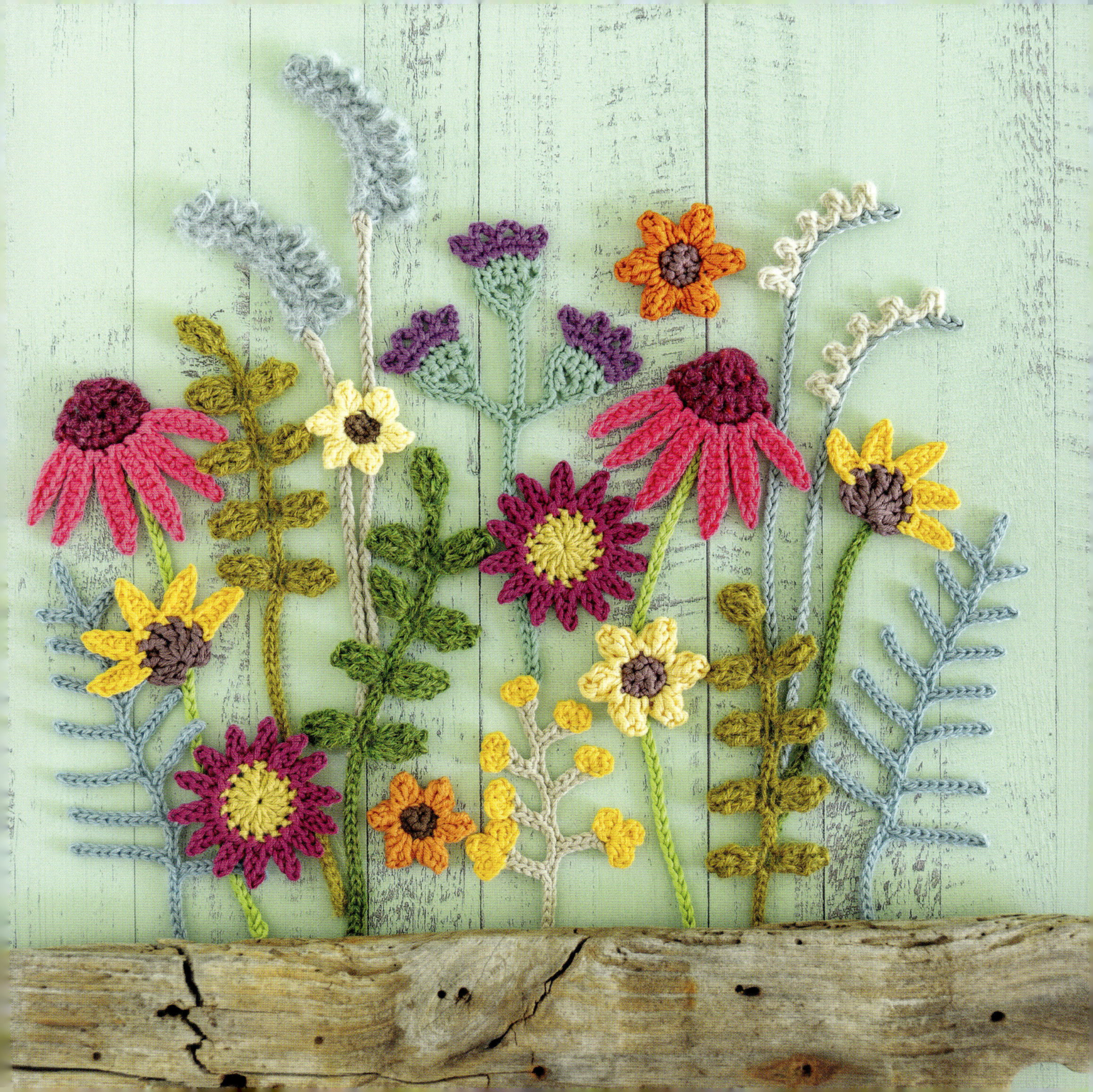

DIE MOTIVE

10

1

8

7

6

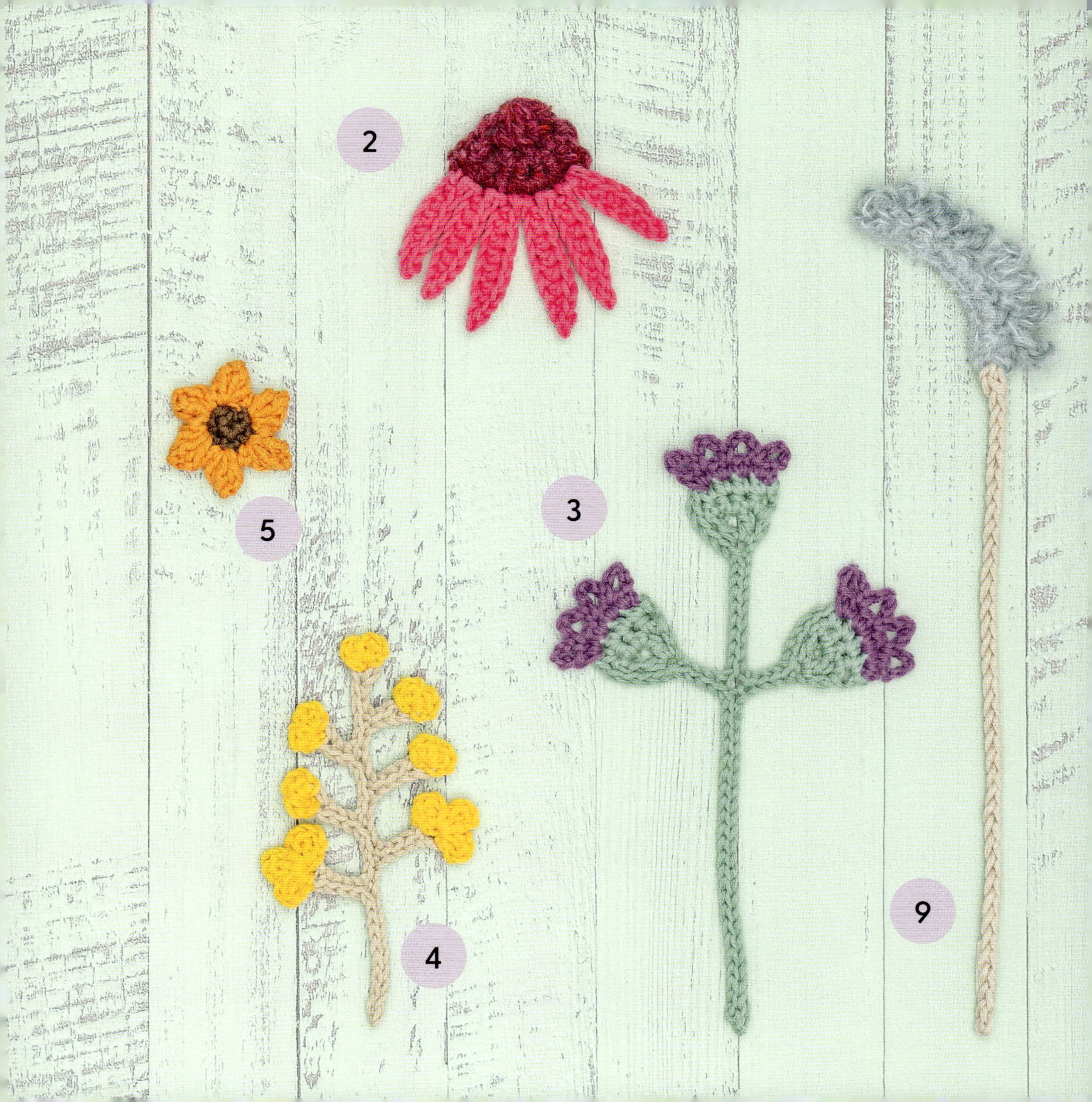
2
5
3
4
9

1 Material
+ **Garne A und B:** Drops Safran (100 % Baumwolle; LL 160 m/50 g)
+ Häkelnadel 3,5 mm

2 Material
+ **Garn A:** Drops Soft Tweed (50 % Schurwolle, 25 % Alpaka, 25 % Viskose; LL 130 m/50 g)
+ **Garn B:** Drops Safran (100 % Baumwolle; LL 160 m/50 g)
+ Häkelnadeln 3,5 mm und 4 mm

Mit Garn A (Gelb) einen Fadenring arb.
1. Runde: 3 Lm (als Ersatz für 1 Stb), 13 Stb in den Ring, die Rd mit 1 Km in die oberste der 3 Lm schließen, dabei bereits Garn B (Dunkelrosa) durchziehen.
2. Runde: 1 Blütenblatt arb wie folgt: * 4 Lm, 1 Lm übergehen, 1 Km in die nächste Lm, je 1 fM in die nächsten 2 Lm **, 1 Km in das nächste Stb; ab * noch 12 x wdh, dann von * bis ** noch 1 x wdh; die Rd unsichtbar schließen (siehe Seite 120). Alle Fadenenden vernähen.

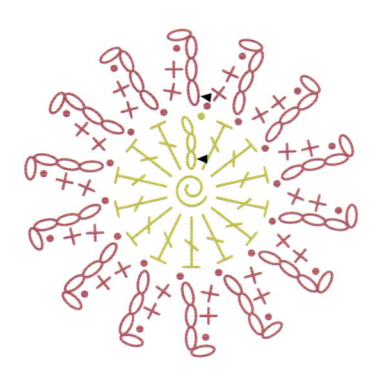

Mit Garn A (Dunkelrot) und der dickeren Häkelnd einen Fadenring arb.
1. Reihe (Hinr): 3 Lm (als Ersatz für 1 Stb), 4 Stb in den Ring; mit 1 Lm wenden.
2. Reihe: 1 fM in das 1. Stb, 2 fM in 3 Stb, 1 fM in die oberste der 3 Lm; mit 1 Lm wenden.
3. Reihe: 2 fM zus abm, 1 fM in 4 fM, 2 fM zus abm, 1 Km in die nächste Lm am Beginn der 2. R (= 6 fM). Garn A abschneiden und sichern.
Von der rechten Seite der Arbeit aus Garn B (Leuchtendrosa) mit der dünneren Häkelnd an der 1. Lm anschlingen.
1. Blütenblatt: 1 Km in die fM, 7 Lm, 1 Lm übergehen, 1 Km, 1 fM, 3 hStb, 1 fM, 1 Km in die fM vom Anfang.
2. Blütenblatt: 1 Km in die fM, 8 Lm, 1 Lm übergehen, 1 Km, 1 fM, 4 hStb, 1 fM, 1 Km in die fM vom Anfang.
3. Blütenblatt: 1 Km in die fM, 9 Lm, 1 Lm übergehen, 1 Km, 1 fM, 5 hStb, 1 fM, 1 Km in die fM vom Anfang.
Das 3. Blütenblatt noch 1 x wdh, dann das 2. und das 1. Blütenblatt jeweils 1 x wdh (= insgesamt 6 Blütenblätter).
Garn B abschneiden und sichern. Alle Fadenenden vernähen.

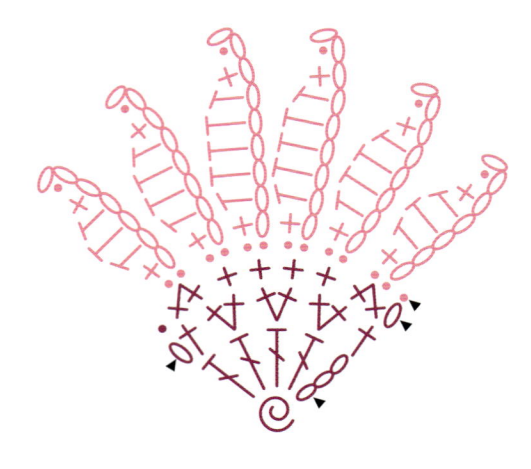

3 Material

+ **Garn A:** Drops Safran (100 % Baumwolle; LL 160 m/50 g)
+ **Garn B:** King Cole Bamboo Cotton 4-ply (52 % Baumwolle, 48 % Viskose aus Bambusfasern; LL 370 m/100 g)
+ Häkelnadel 3 mm

Mit Garn A (Grün) Lm bis zur gewünschten Stängellänge häkeln.

Unterer Teil der 1. Blüte

1. Reihe (Hinr): 8 Lm, * [1 Stb, 1 Lm, 1 Stb] in die 4. Lm von der Häkelnd aus; mit 1 Lm wenden.
2. Reihe: 2 x [1 fM in das Stb, 1 fM in den 1-Lm-Bg]; mit 1 Lm wenden.
3. Reihe: 1 fM in jede fM der Vorr, 5 Lm, 1 Km in die 4. Lm vom Anfang **, je 1 Km in die nächsten 4 Lm.

Unterer Teil der 2. Blüte

13 Lm, die Anleitung für die 1. Blüte von * bis ** wdh, je 1 Km in die nächsten 9 Lm.

Unterer Teil der 3. Blüte

Wie den unteren Teil der 1. Blüte arb, zuletzt je 1 Km in die restl Stängel-Lm arb. Den Faden abschneiden und sichern.

Blütenblätter

1. Reihe (Hinr): Von der rechten Seite der Arbeit aus Garn B (Violett) mit 1 Km an der 1. fM der 3. R des Unterteils der 1. Blüte anschlingen, 2 fM in dieselbe M, je 2 fM in die nächsten 3 fM, 4 Lm; wenden.
2. Reihe: 1 Km in die 2. fM, 3 x [4 Lm, 1 fM übergehen, 1 Km in die nächste fM]. Den Faden abschneiden und sichern. Alle Fadenenden vernähen.

Tipp

Wer mag, häkelt zusätzliche Blüten an diesen Stängel an oder arbeitet einen Stängel mit einer einzelnen Blüte für eine Collage oder ein Arrangement.

4 Material

+ **Garne A und B:** Drops Safran (100 % Baumwolle; LL 160 m/50 g)
+ Häkelnadel 3 mm

Stängel

Mit Garn A (Beige) 19 Lm anschl, 1 Km in die 4. Lm von der Häkelnd aus, je 1 Km in die nächsten 4 Lm.
1. Reihe: 11 Lm, 1 Km in die 4. Lm von der Häkelnd aus, je 1 Km in die nächsten 3 Lm.
2. Reihe: 10 Lm, 1 Km in die 4. Lm von der Häkelnd aus, je 1 Km in die nächsten 2 Lm.
3. Reihe: 6 Lm, 1 Km in die 4. Lm von der Häkelnd aus, je 1 Km in die nächsten 4 Lm.
4. Reihe: 6 Lm, 1 Km in die 4. Lm von der Häkelnd aus, je 1 Km in die nächsten 6 Lm.
5. Reihe: 7 Lm, 1 Km in die 4. Lm von der Häkelnd aus, je 1 Km in die nächsten 7 Lm.
6. Reihe: 8 Lm, 1 Km in die 4. Lm von der Häkelnd aus, je 1 Km in die restl 13 Lm.
Die Blüten werden mit Garn B (Goldgelb) in die 4-Lm-Bg am Ende jedes Stängels gehäkelt.

Untere 2 Büten

Garn B mit 1 Km am 4-Lm-Bg anschlingen.
1. Reihe: 3 x [2 Lm, 1 Stb, 2 Lm, 1 Km in den 4-Lm-Bg]. Den Faden abschneiden und sichern.

Obere 5 Blüten

Hinweis: *Diese Blüten werden in die 4-Lm-Bg an den Enden der übrigen 5 Stängel gehäkelt.*

Garn B mit 1 Km am 4-Lm-Bg anschlingen.
1. Reihe: 2 x [1 Lm, 1 hStb, 1 Lm, 1 Km in den 4-Lm-Bg]. Den Faden abschneiden und sichern. Die Fadenenden vernähen.

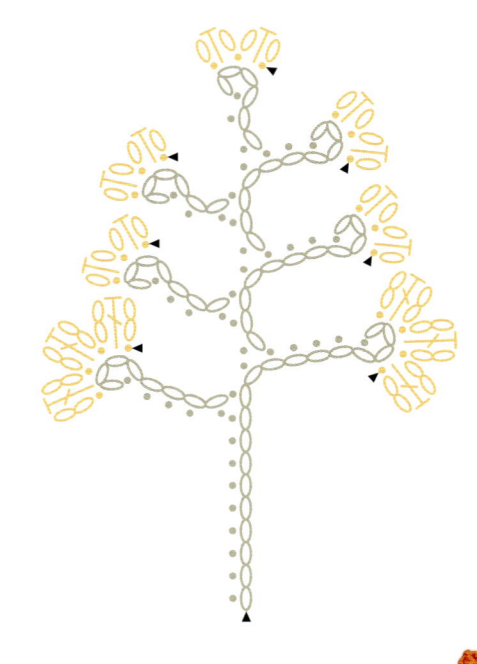

Tipp

Bei diesem Motiv sind viele Fadenenden zu vernähen. Mit dem folgenden Tipp geht das etwas schneller: Die Häkelnd von hinten einstechen und das letzte Fadenende zur Rückseite der Blüte ziehen. Anfangs- und Endfaden auf dieselbe Länge schneiden, dann beide zusammen in eine Wollnadel einfädeln und mit einigen Rückstichen unter den hMg der Blütenblätter vernähen.

5

Material
- **Garne A und B:** Drops Muskat (100 % Baumwolle; LL 100 m/50 g)
- Häkelnadel 4 mm

Mit Garn A (Braun) einen Fadenring arb.
1. Runde: 1 Lm (zählt als fM), 5 fM in den Ring, die Rd mit 1 Km in die Anfangs-Lm schließen (= 6 M). Am Anfangsfaden ziehen, um den Ring zu schließen.
2. Runde: 1 Lm, 1 fM in jede fM der Vorrd, die Rd mit 1 Km in die Anfangs-Lm schließen, dabei bereits Garn B (Orange) durchziehen.
3. Runde: Mit Garn B weiterhäkeln wie folgt: [1 Km, 2 Lm, 3-Stb-Popcorn, 2 Lm, 1 Km in dieselbe M] in jede fM der Vorrd häkeln.
Den Faden abschneiden und sichern. Alle Fadenenden vernähen.

6

Material
- **Garn A:** Drops Alpaca (100 % Alpaca; LL 167 m/50 g)
- Häkelnadel 3 mm

Mit Garn A (Grün) 25 Lm für den Stängel anschl. (Die Lm-Zahl kann für einen längeren oder kürzeren Stängel verändert werden.)
Blatt: [4 Lm, 4-DStb-Popcorn in die 4. Lm von der Häkelnd aus, 4 Lm, 1 Km in dieselbe 4. Lm].
2.–5. Blatt: * 4 Lm für den Stängel, 1 Blatt; ab * noch 3 x wdh.
Über die andere Seite der Lm-Kette vom Anfang nach unten häkeln wie folgt: * Je 1 Km in die nächsten 4 Stängel-Lm, 1 Blatt; ab * noch 3 x wdh.
Je 1 Km in die restl Stängel-Lm arb.
Den Faden abschneiden und sichern. Die Fadenenden vernähen.

BLUMENWIESE

7 Material

- **Garn A:** Drops Baby Alpaca Silk (70 % Alpaca, 30 % Seide; LL 167 m/50 g)
- Häkelnadel 3 mm

Mit Garn A (Graublau) die gewünschte Zahl an Lm für den kurzen unteren Teil des Stängels häkeln.

1. Reihe: 11 Lm, 1 Lm übergehen, je 1 Km in die nächsten 10 Lm.
2. Reihe: 13 Lm, 1 Lm übergehen, je 1 Km in die nächsten 9 Lm.
3. Reihe: 12 Lm, 1 Lm übergehen, je 1 Km in die nächsten 8 Lm.
4. Reihe: 11 Lm, 1 Lm übergehen, je 1 Km in die nächsten 7 Lm.
5. Reihe: 10 Lm, 1 Lm übergehen, je 1 Km in die nächsten 6 Lm.
6. Reihe: 9 Lm, 1 Lm übergehen, je 1 Km in die nächsten 5 Lm.
7. Reihe: 8 Lm, 1 Lm übergehen, je 1 Km in die nächsten 4 Lm.
8. Reihe: 6 Lm, 1 Lm übergehen, je 1 Km in die nächsten 5 Lm.
9. Reihe: 5 Lm, 1 Lm übergehen, je 1 Km in die nächsten 7 Lm (4 Km entlang des seitlichen Zweiges und 3 Km entlang des Hauptstängels).
10. Reihe: 6 Lm, 1 Lm übergehen, je 1 Km in die nächsten 8 Lm.
11. Reihe: 7 Lm, 1 Lm übergehen, je 1 Km in die nächsten 9 Lm.
12. Reihe: 8 Lm, 1 Lm übergehen, je 1 Km in die nächsten 10 Lm.
13. Reihe: 9 Lm, 1 Lm übergehen, je 1 Km in die nächsten 11 Lm.
14. Reihe: 10 Lm, 1 Lm übergehen, je 1 Km in die nächsten 12 Lm.
15. Reihe: 11 Lm, 1 Lm übergehen, je 1 Km in die Lm entlang des seitlichen Zweiges und alle verbleibenden Stängel-Lm.

Den Faden abschneiden und sichern. Die Fadenenden vernähen.

Das Motiv sorgfältig spannen und mit Wäschestärke einsprühen.

BLUMENWIESE

8

Material
- **Garn A:** Drops Muskat (100 % Baumwolle; LL 100 m/50 g)
- **Garn B:** Drops Soft Tweed (50 % Schurwolle, 25 % Alpaka, 25 % Viskose; LL 130 m/50 g)
- Häkelnadel 4 mm

Mit Garn A (Graublau) Lm für die gewünschte Stängellänge häkeln.
1. Reihe: 13 Lm, 1 Lm übergehen, 1 Km in die nächste Lm, die Häkelnd in die nächste Lm einstechen und Garn B (Wollweiß) durchziehen.
2. Reihe: Mit Garn B 5 x [3 Lm, 1 Km in die 3. Lm von der Häkelnd aus, je 1 Km in die nächsten 2 Stängel-Lm].
Garn B abschneiden und sichern. Die Fadenenden vernähen.

9

Material
- **Garn A:** 1 Faden Drops Brushed Alpaca Silk (77 % Alpaka, 23 % Seide; LL 140 m/25 g) und 1 Faden Wensleydale Longwool zusammen
- **Garn B:** Drops Muskat (100 % Baumwolle; LL 100 m/50 g)
- Häkelnadel 4 mm

Mit Garn A (Grau und Flauschgarn in Blau) 11 Lm anschl.
1. Reihe: 1 Lm übergehen, je 1 fM in die nächsten 10 Lm; mit 1 Lm wenden.
2. Reihe (Hinr): 1 Km in 1 fM, 4 x [3 Lm, 1 Lm übergehen, 1 Km in 2 Lm, 1 Km in die nächste fM], 5 x [2 Lm, 1 Lm übergehen, 1 Km in die nächste Lm, 1 Km in die nächste fM], 2 Lm, 1 Km in die letzte fM. Den Faden abschneiden und sichern.
3. Reihe: Von der rechten Seite der Arbeit aus Garn B (Beige) mit 1 Km an der Lm am unteren Ende des Samenstandes anschlingen, 1 fM in dieselbe M, um den Faden zu fixieren.
Lm bis zur gewünschten Stängellänge häkeln.
Den Faden abschneiden und sichern. Die Fadenenden vernähen.

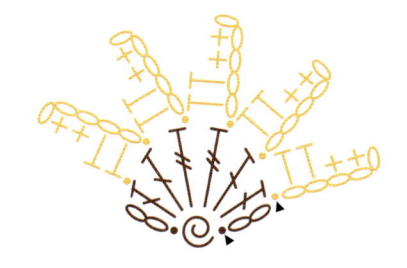

10

Material
- **Garn A:** Drops Muskat (100 % Baumwolle; LL 100 m/50 g)
- **Garn B:** Drops Safran (100 % Baumwolle; LL 160 m/50 g)
- Häkelnadeln 3 mm und 4 mm

Mit Garn A (Braun) und der dickeren Häkelnd einen Fadenring arb.
1. Runde: In den Fadenring häkeln wie folgt: 1 Km, 2 Lm (zählt nicht als M), 2 Stb, 2 DStb, 2 Stb, 2 Lm, 1 Km. Garn A abschneiden und sichern.
2. Runde: Von der rechten Seite der Arbeit aus Garn B (Gelb) mit 1 Km am 1. Stb anschlingen, 5 x [5 Lm, 1 Lm übergehen, je 1 fM in die nächsten 2 Lm, je 1 hStb in die nächsten 2 Lm, 1 Km in die nächste M].
Den Faden abschneiden und sichern. Die Fadenenden vernähen.

BLUMENWIESE

Terrakotta-Topf

Zu dieser Collage hat mich die Bepflanzung eines verwitterten alten Terrakotta-Topfes auf meiner Terrasse inspiriert. Er ist mit gelben und orangefarbenen Ringelblumen, rotem Storchschnabel und allerlei unterschiedlichem Blattwerk gefüllt. Ich wollte ausprobieren, wie sich mit Häkelmaschen verschiedene Blattformen gestalten lassen. Die winzigen türkisfarbenen Blüten bilden einen reizvollen kühlen Gegensatz zu den warmen Farben der anderen Blumen. Dies ist eine meiner liebsten Farbkombinationen, aber Sie können diese Collage auch einfach in Ihrer eigenen Lieblingsfarbstellung nacharbeiten.

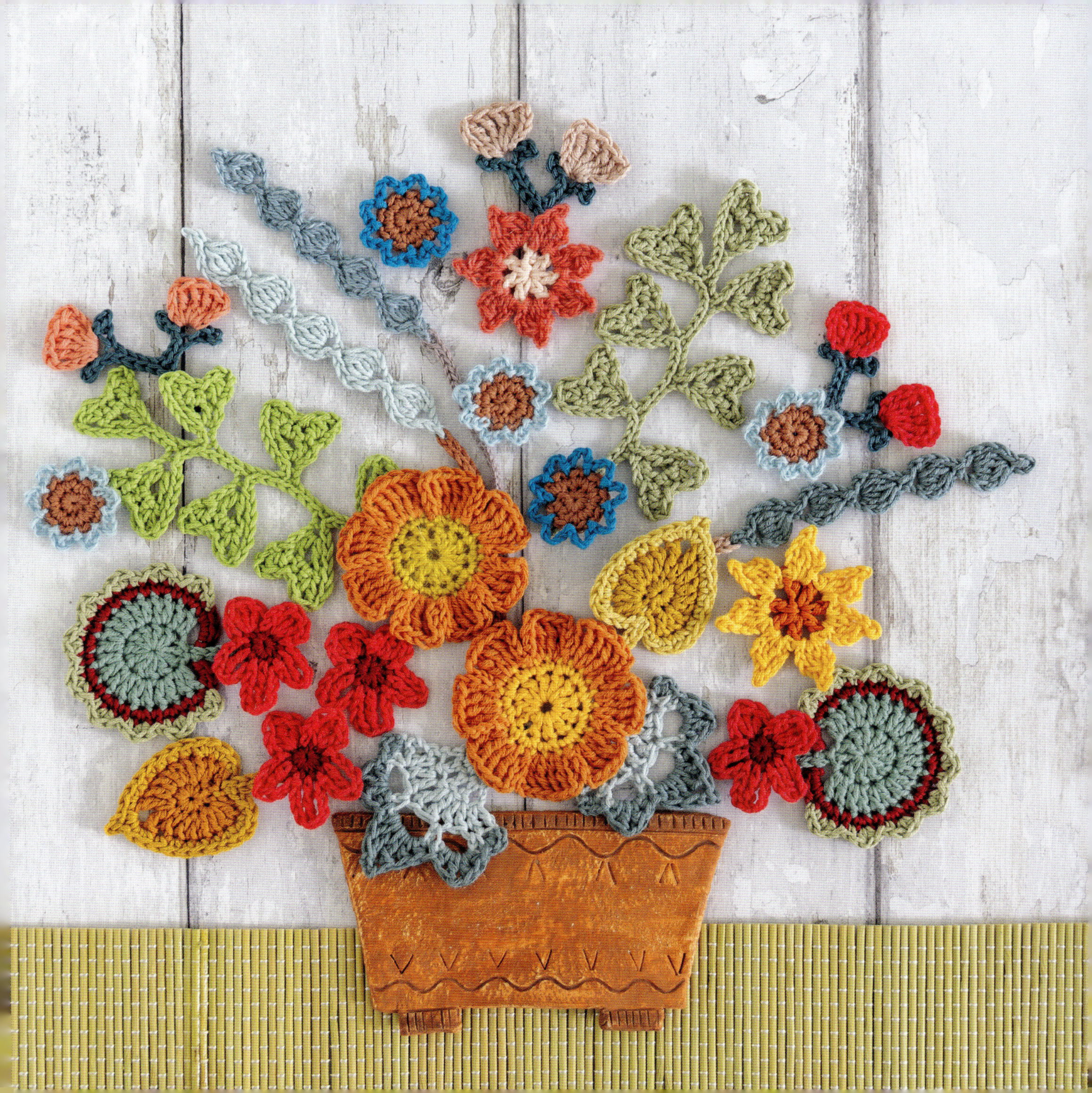

DIE MOTIVE

1

10

3

5

7

1

Material
+ **Garne A, B und C:** Drops Safran (100 % Baumwolle; LL 160 m/50 g)
+ Häkelnadel 3,5 mm

Mit Garn A (Grün) einen Fadenring arb.
1. Runde: 3 Lm, 10 Stb in den Ring, die Rd mit 1 Km in die oberste der 3 Lm schließen.
2. Runde: 3 Lm, 2 Stb in jedes Stb der Vorrd, 2 Lm, die Rd mit 1 Km in die 1. der 3 Anfangs-Lm schließen (= 20 Stb). Garn A noch nicht abschneiden, jedoch die Arbeitsschlinge auf einem MM oder einer Sicherheitsnadel stilllegen.
3. Runde: Garn B (Dunkelrot) mit 1 Km am 3-Lm-Bg anschlingen, 3 fM in denselben Lm-Bg, 10 x [1 fM ins nächste Stb, 2 fM ins nächste Stb], [3 fM, 1 Km] in den 2-Lm-Bg. Garn B abschneiden und sichern.
4. Runde: Mit Garn C (Hellgrün) und bei der 4. fM der 3. Rd beginnend häkeln wie folgt: 10 x [1 Km in die nächste fM, 1 fM in die nächste fM, 2 hStb in die nächste fM], mit 1 Km in die zuletzt behäkelte fM enden. Garn C abschneiden und sichern.

Stängel

MM oder Sicherheitsnadel entfernen und die Arbeitsschlinge von der 2. Rd zurück auf die Häkelnd nehmen, 8 Lm, 1 Lm übergehen, je 1 Km in die nächsten 7 Lm, 1 Km in die Anfangs-Lm der 2. Rd.
Den Faden abschneiden und sichern. Alle Fadenenden vernähen.

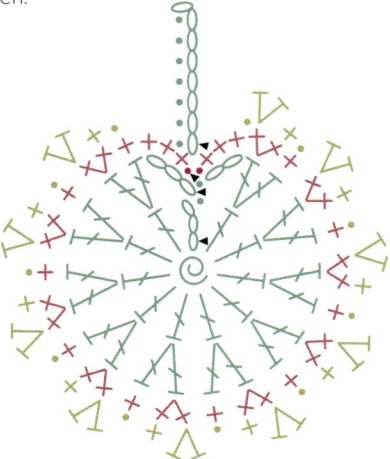

2

Material
+ **Garne A und B:** Drops Safran (100 % Baumwolle; LL 160 m/50 g)
+ Häkelnadel 3,5 mm

Mit Garn A (Dunkelrot) einen Fadenring arb.
1. Runde: 1 Lm (zählt als 1 fM), 9 fM in den Ring, die Rd mit 1 Km in die Anfangs-Lm schließen, dabei bereits Garn B (Rot) durchziehen.
2. Runde: Mit Garn B weiterhäkeln wie folgt: 2 Lm, [1 Stb, 1 DStb, 1 Stb] in die nächste fM, 2 Lm, 1 Km in die nächste fM, 4 Lm, 1 DStb in die nächste fM, 2 Lm, 1 Km in die nächste fM, 4 Lm, 1 DStb in die nächste fM, 4 Lm, 1 Km in die nächste fM, 2 Lm, 1 DStb in die nächste fM, 4 Lm, 1 Km in die nächste fM, 2 Lm, [1 Stb, 1 DStb, 1 Stb] in die nächste fM, 2 Lm, 1 Km in die Km am Ende der 1. Rd.
Garn B abschneiden und sichern. Alle Fadenenden vernähen.

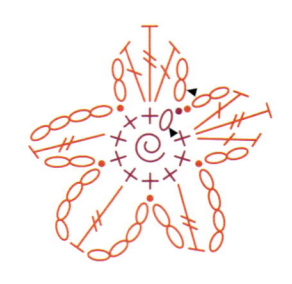

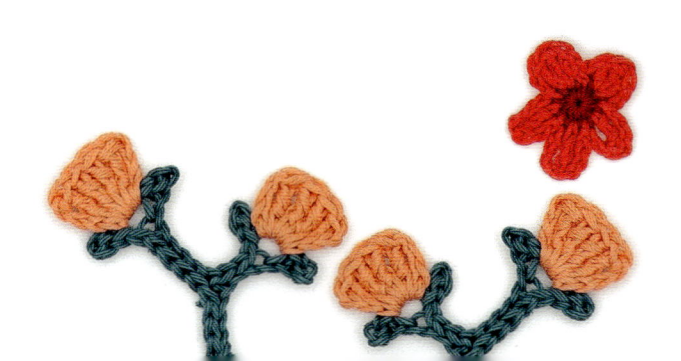

3 Material
+ **Garn A:** Scheepjes Catona (100 % Baumwolle; LL 125 m/50 g)
+ **Garn B:** Drops Safran (100 % Baumwolle; LL 160 m/50 g)
+ Häkelnadel 3,5 mm

Stängel

Mit Garn A (Dunkelgrün) 11 Lm häkeln, 1 Lm übergehen, je 1 Km in die nächsten 2 Lm, 4 Lm, 1 Lm übergehen, je 1 Km in die nächsten 2 Lm, 1 Lm übergehen (= 1-Lm-Bg für die 1. Knospe), je 1 Km in die nächsten 3 Lm, 8 Lm, 1 Lm übergehen, je 1 Km in die nächsten 2 Lm, 4 Lm, 1 Lm übergehen, je 1 Km in die nächsten 2 Lm, 1 Lm übergehen (= 1-Lm-Bg für die 2. Knospe), je 1 Km in die restl 10 Stängel-Lm.

Knospen

Mit Garn B (Pfirsichrosa) in den ersten 1-Lm-Bg häkeln wie folgt: [1 Km, 4 Lm, 4 DStb, 4 Lm, 1 Km]. Den Faden abschneiden und sichern.
Eine weitere Knospe genauso in den zweiten 1-Lm-Bg häkeln.
Den Faden abschneiden und sichern. Alle Fadenenden vernähen.

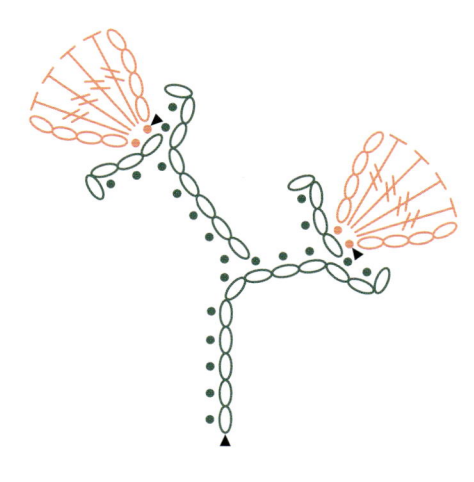

TERRAKOTTA-TOPF

4

Material
- **Garn A:** Drops Safran (100 % Baumwolle; LL 160 m/50 g)
- Häkelnadel 3,5 mm

Mit Garn A (Grün) 10 Lm für den Stängel anschl.

Blatt

1. Reihe (Hinr): 5 Lm, 3 Lm übergehen, [1 Stb, 1 Lm, 1 Stb] in die nächste Lm; mit 1 Lm wenden.
2. Reihe: 2 x [1 fM in 1 Stb, 1 fM in den 1-Lm-Bg]; mit 3 Lm wenden.
3. Reihe: 1 Stb in die 1. fM, je 1 Km in die nächsten 2 fM, 2 Stb in die nächste fM, 5 Lm, 1 Km in die ursprüngliche 4. Lm, 1 Km in die nächste Lm.
Weiterhäkeln wie folgt: 2 x [7 Lm für den Stängel, 1 Blatt], 4 Lm für den Stängel, 1 Blatt, je 1 Km in die nächsten 3 Stängel-Lm, 1 Blatt, je 1 Km in die nächsten 6 Stängel-Lm, 1 Blatt, je 1 Km in die nächsten 7 Stängel-Lm, 1 Blatt, je 1 Km in die restl 13 Stängel-Lm.
Den Faden abschneiden und sichern. Die Fadenenden vernähen.

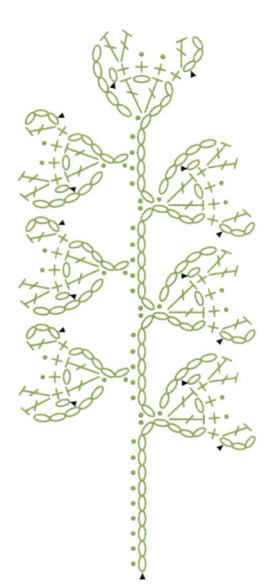

5

Material
- **Garn A:** Drops Muskat (100 % Baumwolle; LL 100 m/50 g)
- **Garn B:** Drops Safran (100 % Baumwolle; LL 160 m/50 g) oder Drops Alpaca (100 % Alpaca; LL 167 m/50 g)
- Häkelnadel 3,5 mm

Mit Garn A (Orange) einen Fadenring arb.
1. Runde: 4 Lm (für 1 Stb + 1 Lm), 6 x [1 Stb, 1 Lm] in den Ring, die Rd mit 1 Km in die 3. der 4 Anfangs-Lm schließen, dabei bereits Garn B (Gelb) durchziehen.
2. Runde: Mit Garn B weiterhäkeln wie folgt: * [1 Km, 3 Lm, 2-Stb-Bm, 2 Lm, 1 Lm übergehen, 1 Km in die nächste Lm, 3 Lm, 1 Km] in denselben 1-Lm-Bg, ** 1 Km ins nächste Stb; ab * noch 5 x wdh, dann von * bis ** noch 1 x wdh, die Rd mit 1 Km in die Km am Ende der Vorrd schließen. Den Faden abschneiden und sichern. Die Fadenenden vernähen.

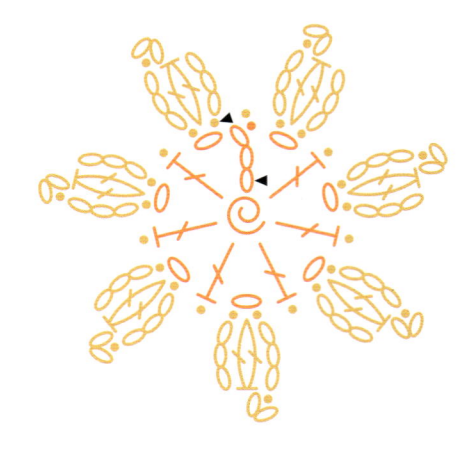

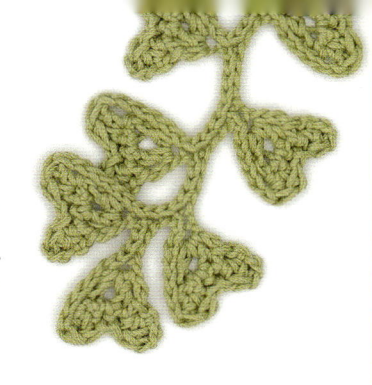

6

Material
- **Garn A:** Drops Safran (100 % Baumwolle; LL 160 m/50 g)
- **Garn B:** Drops Alpaca (100 % Alpaca, LL 167 m/50 g) oder Drops Safran (100 % Baumwolle, LL 160 m/50 g)
- Häkelnadel 3 mm

Mit Garn A (Braun) einen Fadenring arb.
1. Runde: 1 Lm (zählt als 1 fM), 8 fM in den Ring, die Rd mit 1 Km in die Anfangs-Lm schließen (= 9 M).
2. Runde: 1 Lm (zählt als 1 fM), 1 fM in dieselbe M, 2 fM in jede fM der Vorrd, die Rd mit 1 Km in die Anfangs-Lm schließen, dabei bereits Garn B (Blau) durchziehen (= 18 fM).
3. Runde: Mit Garn B weiterhäkeln wie folgt: 8 x [4 Lm, 1 fM übergehen, 1 Km in die nächste fM], 4 Lm, 1 fM übergehen, die Rd mit 1 Km in die Km am Ende der 2. Rd schließen.
Den Faden abschneiden und sichern. Die Fadenenden vernähen.

7

Material
- **Garn A:** Drops Flora (65 % Schurwolle, 35 % Alpaka; LL 210 m/50 g) oder Drops Safran (100 % Baumwolle; LL 160 m/50 g)
- **Garn B:** Drops Safran (100 % Baumwolle; LL 160 m/50 g)
- Häkelnadel 3,5 mm

Mit Garn A (Gelb) 5 Lm anschl und mit 1 Km in die 1. Lm zum Ring schließen.
1. Runde: 3 Lm (als Ersatz für 1 Stb), 11 Stb in den Ring, 1 Km in die oberste der 3 Anfangs-Lm (= 12 Stb).
2. Runde: 1 Lm (zählt als 1 fM), 1 fM in dieselbe M, 2 fM in jedes Stb der Vorrd, 1 Km in die nächste Lm, dabei bereits Garn B (Orange) durchziehen.
3. Runde: Mit Garn B weiterhäkeln wie folgt: 7 x [4 Lm, je 2 DStb in die nächsten 2 fM, 4 Lm, 1 Km in die nächste fM], 4 Lm, je 2 DStb in die nächsten 2 fM, 4 Lm, 1 Km in die Km am Ende der 2. Rd.
Den Faden abschneiden und sichern. Alle Fadenenden vernähen.

TERRAKOTTA-TOPF

8

Material
+ **Garn A:** Drops Safran (100 % Baumwolle; LL 160 m/50 g)
+ **Garn B:** Drops Baby Alpaca Silk (70 % Alpaca, 30 % Seide; LL 167 m/50 g)
+ Häkelnadel 3 mm oder 3,5 mm

Stängel
Mit Garn A (Braun) Lm bis zur gewünschten Stängellänge häkeln, 3 Lm übergehen, je 1 Km in die folg Stängel-Lm. Garn A abschneiden und sichern.

Blatt
Von der rechten Seite der Arbeit aus Garn B (Blaugrün) mit 1 Km am 3-Lm-Bg am Ende des Stängels anschlingen, 5 x [5 Lm, 3 Lm übergehen, 4-Stb-Bm in die nächste Lm], 3 Lm, 2 Lm übergehen, 1 Km in die nächste Lm; dann über die andere Seite des Blattes weiterhäkeln wie folgt: 5 x [4 Lm, 1 Km in die Lm, in die die Bm gehäkelt wurde, 1 Km in die nächste Lm], 1 Km in den 3-Lm-Bg. Garn B abschneiden und sichern. Alle Fadenenden vernähen.

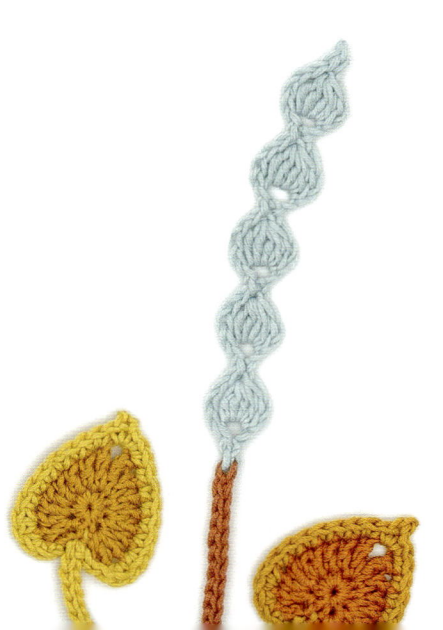

9

Material
+ **Garne A und B:** Drops Safran (100 % Baumwolle; LL 160 m/50 g)
+ Häkelnadel 3,5 mm

Mit Garn A (Hellgelb) einen Fadenring arb.
1. Runde: 1 Lm (zählt als 1 fM), 9 fM in den Ring, die Rd mit 1 Km in die Anfangs-Lm schließen.
2. Runde: 3 Lm, 3 Stb in die nächste fM, 2 Stb in die nächste fM, je 1 Stb in die nächsten 2 fM, [1 DStb, 1 Lm, 1 DStb] in 1 fM, je 1 Stb in die nächsten 2 fM, 2 Stb in die nächste fM, 3 Stb in die nächste fM, 3 Lm, 1 Km in die Km am Ende der 1. Rd, dabei bereits Garn B (Dunkelgelb) durchziehen.
3. Runde: Mit Garn B weiterhäkeln wie folgt: 2 Lm, 1 fM in die 3. der 3 Lm, je 2 fM in die nächsten 2 Stb, je 1 fM in die nächsten 5 Stb, 2 fM in 1 DStb, [1 fM, 2 Lm, 1 Lm übergehen, 1 Km in die nächste Lm, 1 fM] in den 1-Lm-Bg, 2 fM in 1 DStb, je 1 fM in die nächsten 5 Stb, je 2 fM in die nächsten 2 Stb, 1 fM in die 1. der 3 Lm, 2 Lm, 1 Km in die Km am Ende der Vorrd.

Stängel
Mit Garn B weiterhäkeln wie folgt: 9 Lm, 1 Lm übergehen, je 1 Km in die nächsten 8 Lm, mit 1 Km in die Km am Ende der Vorrd enden. Den Faden abschneiden und sichern. Die Fadenenden vernähen.

TERRAKOTTA-TOPF

10

Material
+ **Garne A und B:** Drops Safran (100 % Baumwolle; LL 160 m/50 g)
+ Häkelnadel 3 mm

Mit Garn A (Hellblau) 5 Lm anschl und mit 1 Km in die 1. Lm zum Ring schließen.

Stängel
7 Lm, 1 Lm übergehen, je 1 Km in die nächsten 6 Lm, 1 Km in den Ring, 5 fM in den Ring, 3 Lm (als Ersatz für 1 Stb); wenden.
1. Reihe (Rückr): Je 1 Stb in die 4 fM, 3 Lm (als Ersatz für 1 Stb); wenden.
2. Reihe (Hinr): 1 Stb in dieselbe M, 2 Stb ins nächste Stb, 2 DStb ins nächste Stb, 2 Stb ins nächste Stb, 2 Stb in die oberste der 3 Lm, 2 Lm; wenden.
3. Reihe: Das 1. Stb übergehen, 1 fM ins nächste Stb, 4 Lm, 1 Stb übergehen, 1 fM ins nächste Stb, 5 Lm, 1 DStb übergehen, 1 fM ins nächste DStb, 4 Lm, 1 Stb übergehen, 1 fM ins nächste Stb, 2 Lm, 1 Stb übergehen, 1 Km in die oberste der 3 Lm. Garn A abschneiden und sichern.
4. Reihe: Von der rechten Seite der Arbeit aus Garn B (Blau) mit 1 Km am 2-Lm-Bg anschlingen, 2 fM in denselben Lm-Bg, 1 Km in die nächste fM, [1 hStb, 1 Stb, 1 Lm, 1 Stb, 1 hStb] in den 4-Lm-Bg, 1 Km in die nächste fM, [1 hStb, 1 Stb, 1 DStb, 2 Lm, 1 Lm übergehen, 1 Km in die nächste Lm, 1 DStb, 1 Stb, 1 hStb] in den 5-Lm-Bg, 1 Km in die nächste fM, [1 hStb, 1 Stb, 1 Lm, 1 Stb, 1 hStb] in den 4-Lm-Bg, 1 Km in die nächste fM, [2 fM, 1 Km] in den 2-Lm-Bg.
Garn B abschneiden und sichern. Alle Fadenenden vernähen.

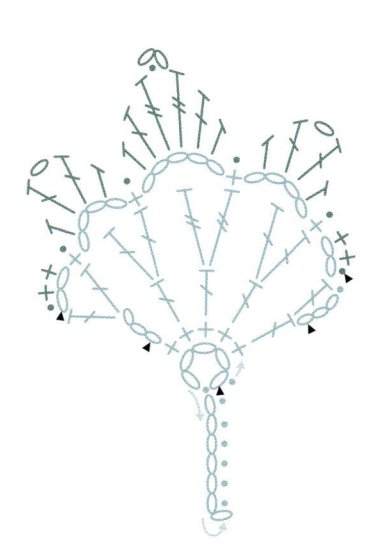

TERRAKOTTA-TOPF

83

Feldblumenstrauß

Die Idee zu diesem Arrangement entstand aus einem Päckchen Wildblumensamen, das ich eines Sommers ausgesät hatte. Ich war begeistert von der Kombination aus rotem Mohn, Margeriten und Kornblumen, die aufsprossen. Die Bienen, Schmetterlinge und Schwebfliegen liebten sie! Bei der Bewirtschaftung meines Gartens stehen die Tierwelt und die biologische Vielfalt im Vordergrund, und manche Wiesenflächen werden nicht gemäht. Dadurch ergibt sich eine schöne Kombination aus Wildblumen und den weichen, flauschigen Samenständen der Gräser. Ich habe versucht, diesen Effekt mit dieser Collage wiederzugeben. Die Collage zeigt vier Stadien im Lebenszyklus des Mohns: die hängende, leicht behaarte Knospe, die noch fast geschlossenen Blütenblätter, die voll geöffnete Blüte und die braune Samenkapsel. Der orangefarbene Krug ist einer alten, ziemlich ramponierten Emaille-Kaffeekanne nachempfunden, die auf einem Regal in meiner Küche steht und oft mit Blumensträußen aus meinem Garten gefüllt ist.

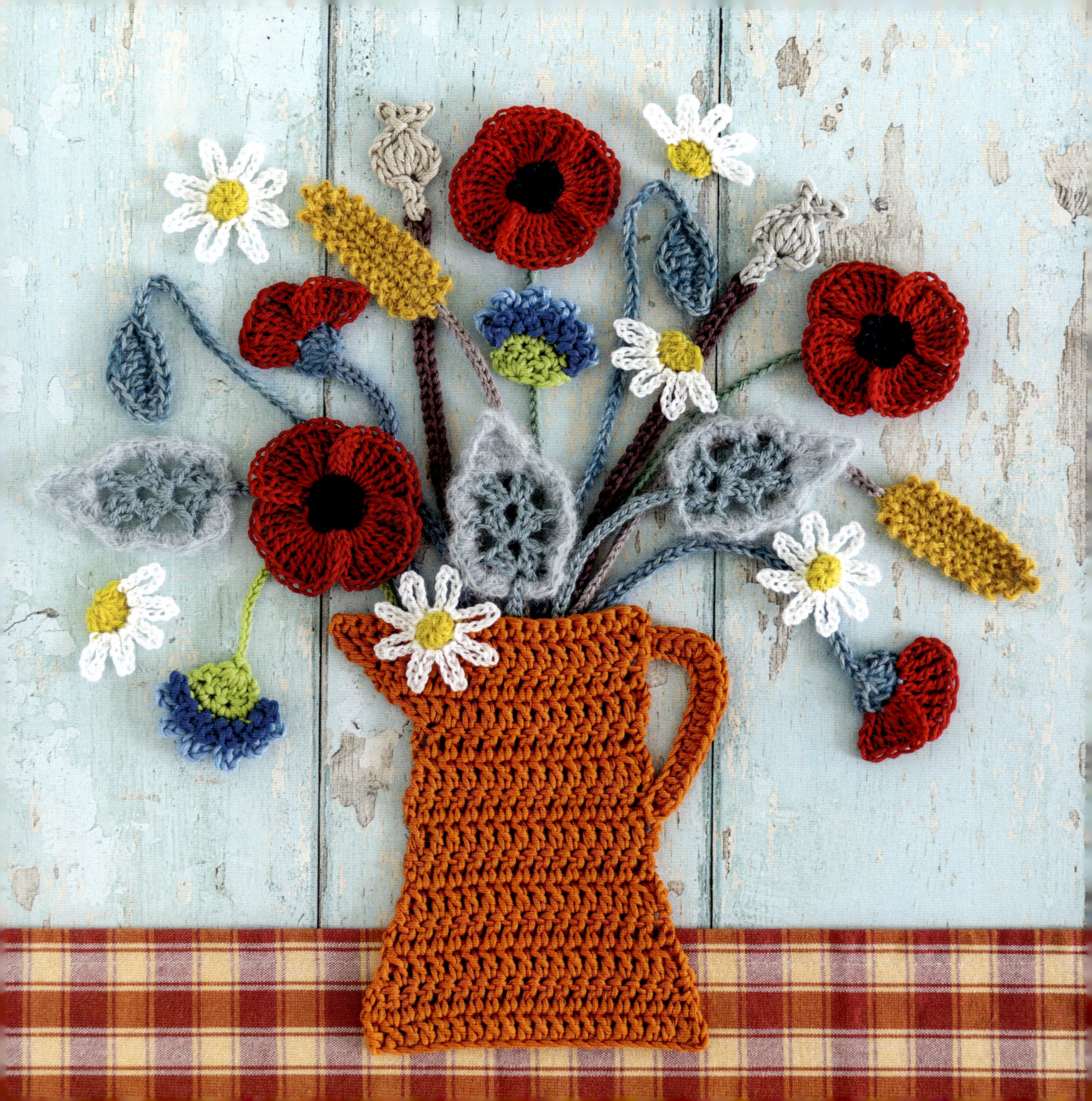

DIE MOTIVE

2

3

7

6

5

4

FELDBLUMENSTRAUSS

1 Material
- **Garne A und B:** 4-fädiges Baumwollhäkelgarn (LL ca. 170 m/50 g)
- Häkelnadel 3,5 mm

Mit Garn A (Schwarz) einen Fadenring arb.
1. Runde: 8 fM in den Ring, die Rd mit 1 Km ins vMg der 1. fM schließen.
2. Runde: 7 x [2 Lm, 1 Km ins vMg der nächsten fM], 2 Lm, 1 Km in die Km am Ende der Vorrd. Garn A abschneiden und sichern.
3. Runde: Garn B (Rot) mit 1 Km am hMg der 1. fM der 1. Rd anschlingen, 3 x [2 Lm, 1 fM übergehen, 1 Km ins hMg der nächsten fM], 2 Lm, 1 Km in dasselbe hMg wie die 1. Km.
4. Runde: Blütenblatt: * [1 Km, 5 Lm, 9 Dreifach-Stb, 5 Lm, 1 Km] in den ersten 2-Lm-Bg; ab * bei jedem der 3 folg 2-Lm-Bg wdh (= 4 Blütenblätter).
Alle Fadenenden vernähen.
Dieses Motiv muss nicht gespannt werden. Damit die natürliche Tendenz der Blütenblätter erhalten bleibt, einander zu überlappen und sich leicht einzurollen, empfehle ich, sie vorsichtig in Form zu zupfen und mit Sprühstärke zu fixieren.

2 Material
- **Garn A:** Drops Alpaca (100 % Alpaca; LL 167 m/50 g)
- **Garn B:** 4-fädiges Baumwollhäkelgarn (LL ca. 170 m/50 g)
- Häkelnadel 3 mm

Mit Garn A (Gelb) einen Fadenring arb.
1. Runde: 3 Lm (als Ersatz für 1 Stb), 7 Stb in den Ring, die Rd mit 1 Km ins vMg der 3. Lm schließen, dabei bereits Garn B (Weiß) durchziehen. Garn A bis auf ein 20 cm langes Fadenende abschneiden und sichern.
2. Runde: Mit Garn B weiterhäkeln wie folgt, dabei jeweils in die vMg der M der Vorrd einstechen: 8 x [8 Lm, 1 Km in dieselbe M, 1 Km in das nächste Stb], die Rd unsichtbar schließen (siehe Seite 120).
Stickerei: Damit das gelbe Zentrum der Margerite plastisch hervortritt, das lange gelbe Fadenende in eine stumpfe Sticknadel einfädeln, auf der linken Seite der Arbeit unter den hMg der Stb der 1. Rd hindurchführen und vorsichtig anziehen, um die M zusammenzuziehen.
Den Faden abschneiden; alle Fadenenden vernähen.

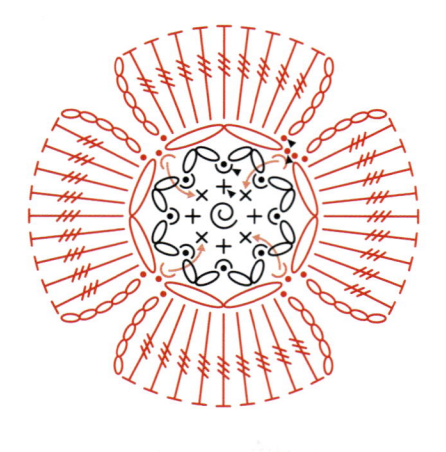

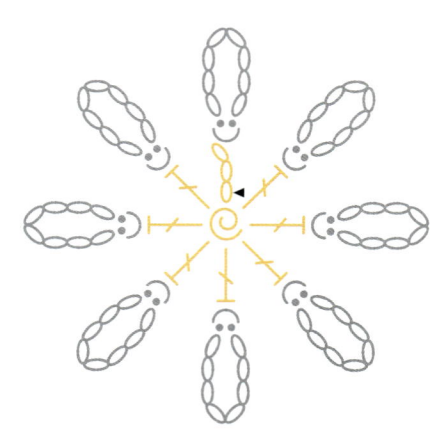

3 Material

- **Garn A:** 1 Faden Drops Baby Alpaca Silk (70 % Alpaca, 30 % Seide; LL 167 m/50 g) und 1 Faden Drops Kid-Silk (75 % Mohair, 25 % Seide; LL 210 m/25 g) zusammen
- **Garn B:** Patons Cotton 4-ply (100 % Baumwolle; LL 330 m/100 g)
- Häkelnadel 3,5 mm

Mit Garn A (Blau und Grün) einen Fadenring arb.
1. Runde: 3 Lm (als Ersatz für 1 Stb), 3 Stb, 3 Lm, 1 Km in den Ring. Den Fadenring noch nicht zusammenziehen. Lm bis zur gewünschten Stängellänge häkeln, 1 Lm übergehen, je 1 Km in die folg Stängel-Lm, 1 Km in den Fadenring. Garn A abschneiden und sichern. Vorsichtig am Anfangsfaden ziehen, um den Fadenring zu schließen.
2. Runde: 1. Blütenblatt: Von der rechten Seite der Arbeit aus Garn B (Rot) mit 1 Km an der obersten der 3 Anfangs-Lm anschlingen. 4 Lm, 2 DStb in dieselbe M, [2 DStb, 4 Lm, 1 Km] ins vMg des nächsten Stb. Für das 2. Blütenblatt das 1. Blütenblatt nach vorne drücken, 1 Lm, die Häkelnd aus der Arbeitsschlinge ziehen und von hinten nach vorne unter dem hMg des zuletzt behäkelten Stb einstechen, die Arbeitsschlinge wieder auf die Häkelnd nehmen und durchziehen, 5 Lm, 2 Dreifach-Stb in dasselbe hMg, 2 Dreifach-Stb ins hMg des nächsten Stb, [1 Dreifach-Stb, 1 DStb, 4 Lm, 1 Km] ins hMg des nächsten Stb.
Den Faden abschneiden und sichern. Alle Fadenenden vernähen. Die Blütenblätter so anordnen, dass das vordere sich leicht nach vorne wölbt, dann mit Sprühstärke fixieren.

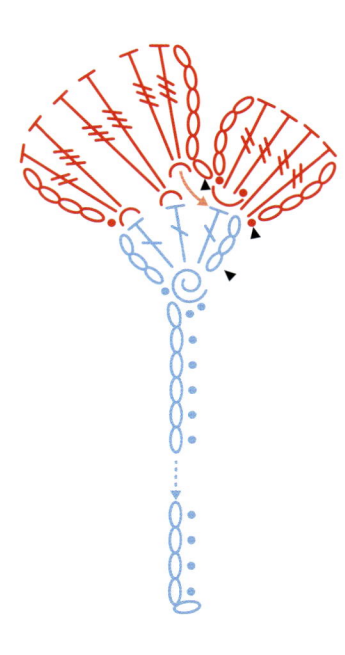

Tipp

Für den Stängel und den unteren Teil der halb geöffneten Mohnblüte eignet sich jedes leicht flauschige Garn: So entsteht der zarte Haarflaum am Stängel.

FELDBLUMENSTRAUSS

4

Material
+ **Garne A und B:** Drops Muskat (100 % Baumwolle; LL 100 m/50 g)
+ Häkelnadel 4 mm

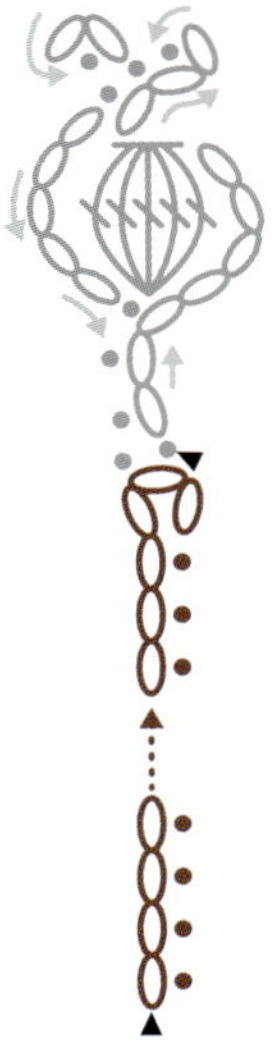

Stängel

Mit Garn A (Braun) Lm bis zur gewünschten Stängellänge anschl, 3 Lm übergehen, dann 1 Km in jede folg Stängel-Lm häkeln.
Garn A abschneiden und sichern.

Samenkapsel

Von der rechten Seite des Stängels aus Garn B (Beige) mit 1 Km am 3-Lm-Bg am oberen Ende des Stängels anschlingen, 7 Lm, 4 Lm übergehen, 5-Stb-Bm in die nächste Lm, 3 Lm, 1 Lm übergehen, je 1 Km in die nächsten 2 Lm, 2 Lm, 1 Lm übergehen, je 1 Km in die nächsten 2 Lm, 5 Lm, 1 Km in die Lm, in die die 5-Stb-Bm gehäkelt wurde, je 1 Km in die nächsten 2 Lm, 1 Km in den 3-Lm-Bg am oberen Ende des Stängels.
Den Faden abschneiden und sichern. Die Fadenenden vernähen.

5

Material
+ **Garne A, B und C:** Drops Muskat (100 % Baumwolle; LL 100 m/50 g)
+ Häkelnadel 4 mm

Mit Garn A (Grün) einen Fadenring arb.
1. Reihe (Rückr): 2 Lm, 4 Stb in den Ring; mit 1 Lm wenden. Am Anfangsfaden ziehen und den Fadenring so etwas zusammenziehen, aber noch nicht vollständig schließen, wenn Sie später einen Stängel anhäkeln wollen.
2. Reihe (Hinr): 1 fM in das 1. Stb, je 2 fM in die nächsten 3 Stb (= 7 fM). Garn A abschneiden und sichern.
3. Reihe: Von der rechten Seite der Arbeit Garn B (Hellblau) mit 1 Km am hMg der 1. fM anschlingen und in die hMg der fM der 2. R häkeln wie folgt: 4 Lm, 1 Km in die nächste fM, 5 Lm, 1 Km in die nächste fM, 2 x {[6 Lm, 1 Km] in die nächste fM}, 5 Lm, 1 Km in die nächste fM, 4 Lm, 1 Km in die nächste fM. Garn B abschneiden und sichern.
4. Reihe: Von der rechten Seite der Arbeit Garn C (Dunkelblau) mit 1 Km am vMg der 1. fM der 2. R anschlingen und in die vMg der fM der 2. R häkeln wie folgt: * [3 Lm, 1 Km] in die nächste fM; ab * noch 5 x wdh. Garn C abschneiden und sichern.
Um einen Stängel anzuhäkeln, 1 Km in den Fadenring arb und Lm bis zur gewünschten Stängellänge häkeln. Den Faden abschneiden und sichern. Am Anfangsfaden ziehen, um den Fadenring vollständig zu schließen. Alle Fadenenden vernähen.

3. R

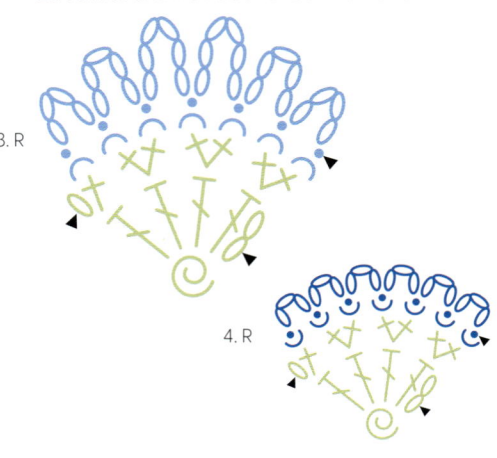

4. R

6

Material
- **Garn A:** Drops Alpaca (100 % Alpaca; LL 167 m/50 g)
- **Garn B:** Drops Baby Alpaca Silk (70 % Alpaca, 30 % Seide; LL 167 m/50 g)
- Häkelnadel 3 mm oder 3,5 mm

1. Runde: Mit Garn A (Gelb) 11 Lm anschl, 1 Lm übergehen, fM in 10 Lm, 3 Lm; dann über die andere Seite der Lm-Kette vom Beginn weiterhäkeln wie folgt: je 1 fM in die nächsten 10 Lm, 1 Km in die 11. Lm (Wende-Lm).
2. Runde: 2 Lm, 1 Km in die 1. fM der 1. Rd, 9 x [2 Lm, 1 Lm übergehen, 1 Km in die nächste Lm, 1 Km in die nächste fM], 2 x [2 Lm, 1 Lm übergehen, 1 Km in die nächste Lm, 1 Km in den 3-Lm-Bg]; dann über die andere Seite der Ähre nach unten weiterhäkeln wie folgt: 10 x [2 Lm, 1 Lm übergehen, 1 Km in die nächste Lm, 1 Km in die nächste fM]. Garn A abschneiden und sichern.

Stängel

Von der rechten Seite der Arbeit aus Garn B (Beige/Brown) mit 1 Km am 2-Lm-Bg an der Basis der Ähre anschlingen, Lm bis zur gewünschten Stängellänge häkeln, 1 Lm übergehen, je 1 Km in die übrigen Stängel-Lm arb, 1 Km in den 2-Lm-Bg.
Den Faden abschneiden und sichern. Alle Fadenenden vernähen.

7

Material
- **Garn A:** 1 Faden Drops Baby Alpaca Silk (70 % Alpaca, 30 % Seide; LL 167 m/50 g) und 1 Faden Drops Kid-Silk (75 % Mohair, 25 % Seide; LL 210 m/25 g) zusammen
- Häkelnadel 3,5 mm

1. Runde: Mit Garn A (Blaugrün) 8 Lm anschl, 1 Lm übergehen, in die nächsten 7 Lm häkeln wie folgt: 1 fM, 1 hStb, 1 Stb, 1 DStb, 1 Stb, 1 hStb, 1 fM, 2 Lm; dann in die andere Seite der Lm-Kette vom Beginn häkeln wie folgt: 1 Km in die nächste Lm, je 1 fM in die nächsten 5 Lm, 1 Km in die nächste Lm, 1 Km in die Wende-Lm.

Stängel

Lm bis zur gewünschten Stängellänge häkeln. Den Faden abschneiden und sichern.

Hinweis: *Das Mohairgarn wurde ausgewählt, um die leicht haarige Struktur der Mohnknospen und -stängel wiederzugeben.*
Alle Fadenenden vernähen. Beim Spannen die Mohnknospe leicht hängend platzieren.

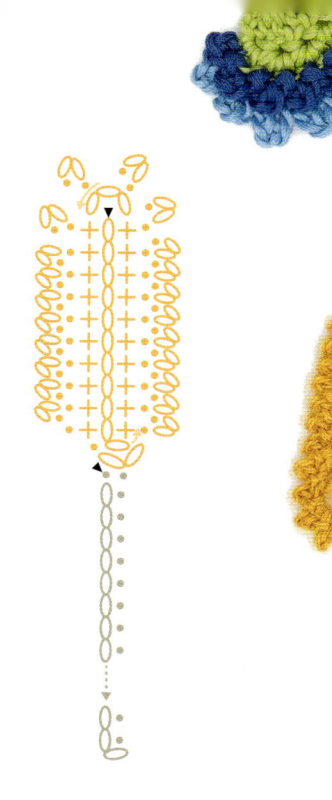

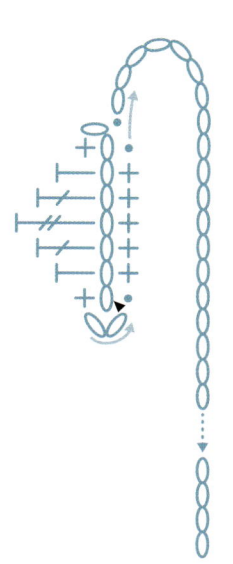

FELDBLUMENSTRAUSS

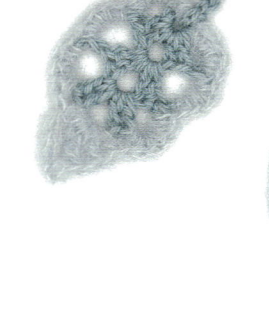

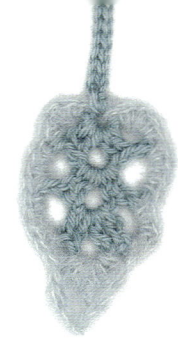

8

Material
- **Garn A:** Drops Baby Alpaca Silk (70 % Alpaca, 30 % Seide; LL 167 m/50 g)
- **Garn B:** Flauschgarn
- Häkelnadel 3,5 mm

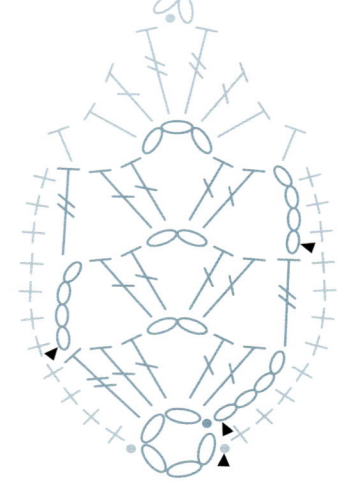

Mit Garn A (Blau) 5 Lm anschl und mit 1 Km in die 1. Lm zum Ring schließen.
1. Reihe (Hinr): 4 Lm (als Ersatz für 1 DStb), [2 Stb, 2 Lm, 2 Stb, 1 DStb] in den Ring, 4 Lm; wenden.
2. Reihe: [2 Stb, 2 Lm, 2 Stb] in den 2-Lm-Bg, 2 Stb übergehen, 1 DStb in die oberste der 4 Anfangs-Lm, 4 Lm; wenden.
3. Reihe: [2 Stb, 3 Lm, 2 Stb] in den 2-Lm-Bg, 2 Stb übergehen, 1 DStb in die oberste der 4 Anfangs-Lm.
Garn A abschneiden und sichern.

Umrandung des Blattes
Von der rechten Seite der Arbeit aus Garn B (helles Blaugrau) mit 1 Km am Lm-Ring vom Beginn anschlingen.
4 fM in den 4-Lm-Bg, 4 fM um das DStb der 2. R, [3 fM, 1 hStb] in den 4-Lm-Bg der 3. R, [1 hStb, 1 Stb, 1 DStb, 2 Lm, 1 Lm übergehen, 1 Km in die nächste Lm, 1 DStb, 1 Stb, 1 hStb] in den 3-Lm-Bg der 3. R, [1 hStb, 3 fM] um das DStb der 3. R, 4 fM in den 4-Lm-Bg der 2. R, 4 fM um das DStb der 1. R, 1 Km in den Lm-Ring vom Beginn. Garn B abschneiden und sichern.

Stängel
Wenn Sie einen Stängel hinzufügen wollen, den Faden mit 1 Km am Lm-Ring anschlingen und Lm bis zur gewünschten Stängellänge häkeln. Den Faden abschneiden und sichern. Die Fadenenden vernähen.

9

Material
- **Garn A:** Drops Alpaca (100 % Alpaca; LL 167 m/50 g)
- **Garn B:** 4-fädiges Baumwollhäkelgarn (LL ca. 170 m/50 g)
- Häkelnadel 3 mm

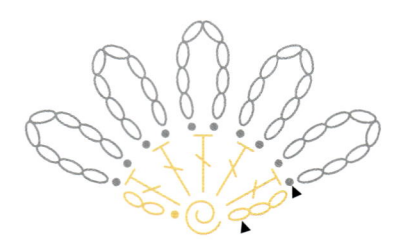

Mit Garn A (Gelb) einen Fadenring arb.
1. Reihe (Hinr): [3 Lm, 5 Stb, 2 Lm, 1 Km] in den Ring. Garn A abschneiden und sichern.
2. Reihe: Von der rechten Seite der Arbeit aus mit Garn B (Weiß) Blütenblätter häkeln wie folgt: * 1 Km in 1 Stb, 8 Lm, 1 Km in dasselbe Stb; ab * noch 4 x wdh.
Den Faden abschneiden und sichern. Die Fadenenden vernähen.

10 Material

+ **Garn A:** Drops Muskat (100 % Baumwolle; LL 100 m/50 g)
+ Häkelnadel 4 mm

Mit Garn A (Orange) 23 Lm anschl.
1. Reihe (Hinr): 3 Lm übergehen, je 1 Stb in die nächsten 20 Lm, 3 Lm (zählt hier und im Folg nicht als M); wenden (= 20 M).
2. Reihe: 2 Stb zus abm, je 1 Stb in die nächsten 16 Stb, 2 Stb zus abm; mit 3 Lm wenden (= 18 M).
3. Reihe: 2 Stb zus abm, je 1 Stb in die nächsten 14 Stb, 2 Stb zus abm; mit 3 Lm wenden (= 16 M).
4. Reihe: Je 1 Stb in die nächsten 16 Stb; mit 3 Lm wenden.
5. Reihe: 2 Stb zus abm, je 1 Stb in die nächsten 12 Stb, 2 Stb zus abm; mit 3 Lm wenden (= 14 M).
6.–8. Reihe: Je 1 Stb in die nächsten 14 Stb; mit 3 Lm wenden.
9. Reihe: 2 Stb zus abm, 1 Stb in die nächsten 10 Stb, 2 Stb zus abm; mit 3 Lm wenden (= 12 M).
10. Reihe: Je 1 Stb in die nächsten 12 Stb; mit 3 Lm wenden.
11. Reihe: Je 1 Stb in die nächsten 11 Stb, 3 Stb ins nächste Stb; mit 3 Lm wenden (= 14 M).
12. Reihe: Je 2 Stb in die nächsten 2 Stb, je 1 Stb in die nächsten 12 Stb; mit 3 Lm wenden (= 16 M).
13. Reihe: Je 1 Stb in die nächsten 14 Stb, 2 Stb ins nächste Stb, [1 Stb, 1 DStb] ins nächste Stb; mit 1 Lm wenden (= 18 M).
14. Reihe: 1 fM in das DStb, je 1 fM in die nächsten 17 Stb, 2 Lm.

Henkel

15. Reihe: 1 Km in den 3-Lm-Bg der 13. R, 1 Km um das Stb am Ende der 12. R, 14 Lm, dabei stets von der rechten Seite der Arbeit aus häkeln, 1 Km um das Stb am Ende der 8. R, 1 Km in den 3-Lm-Bg der 7. R, 1 Lm.
16. Reihe: Je 1 hStb in die nächsten 8 Lm, je 2 hStb in die nächsten 3 Lm, je 1 hStb in die nächsten 3 Lm, 1 Km in die Km am Beginn des Henkels.
Den Faden abschneiden und sichern. Die Fadenenden vernähen.

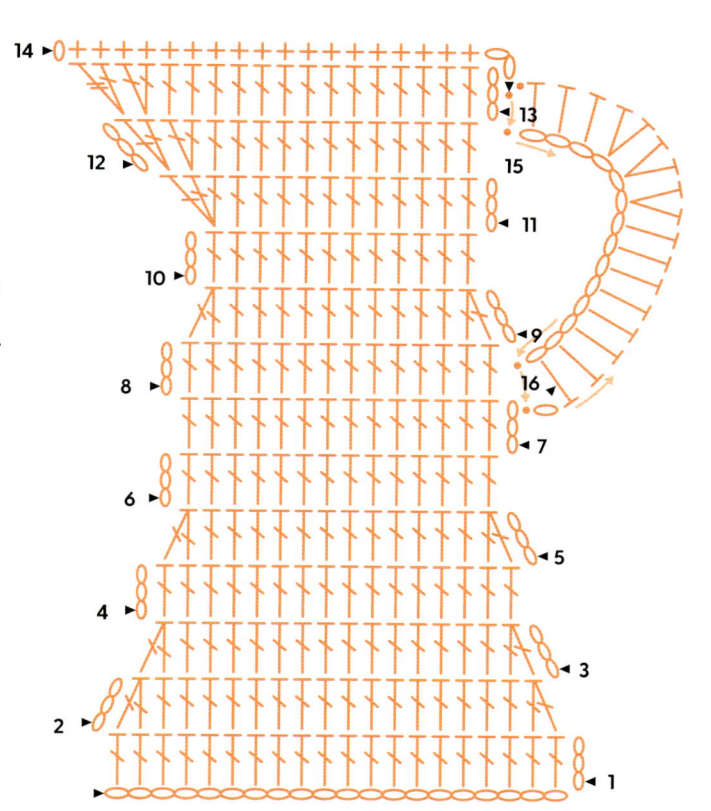

FELDBLUMENSTRAUSS

Herbstkranz

Mit dem Wechsel der Jahreszeiten gehen die Pastelltöne des Sommers allmählich in die tieferen, juwelenartigen Farben des Herbstes über.
Das ist eine meiner Lieblingsjahreszeiten im Garten und die Inspiration für diese Collage. Noch blüht es überall. Sonnenblumen und Helenium, die Sonnenbraut, erfreuen uns mit Gold-, Orange- und Bronzetönen. Wir haben immer eine reiche Ernte an leuchtend roten Äpfeln, die Vogelbeerbäume tragen viele winzige scharlachrote und orangefarbene Beeren, und unter meiner Platane lugen oft kleine und größere Pilze aus den Haufen gefallener Blätter hervor. Für diese Collage habe ich dickere Garne in kräftigen Farben gewählt, um die Üppigkeit der Jahreszeit zu vermitteln. Merzerisiertes Baumwollhäkelgarn hat einen schönen Glanz, perfekt für Blätter und Beeren. Tweediges Garn verleiht einigen Blättern und Blüten eine besondere Optik, und das flauschige gebürstete Alpakagarn in der Mitte der kleineren Blüten trägt eine weitere kontrastierende Struktur bei.

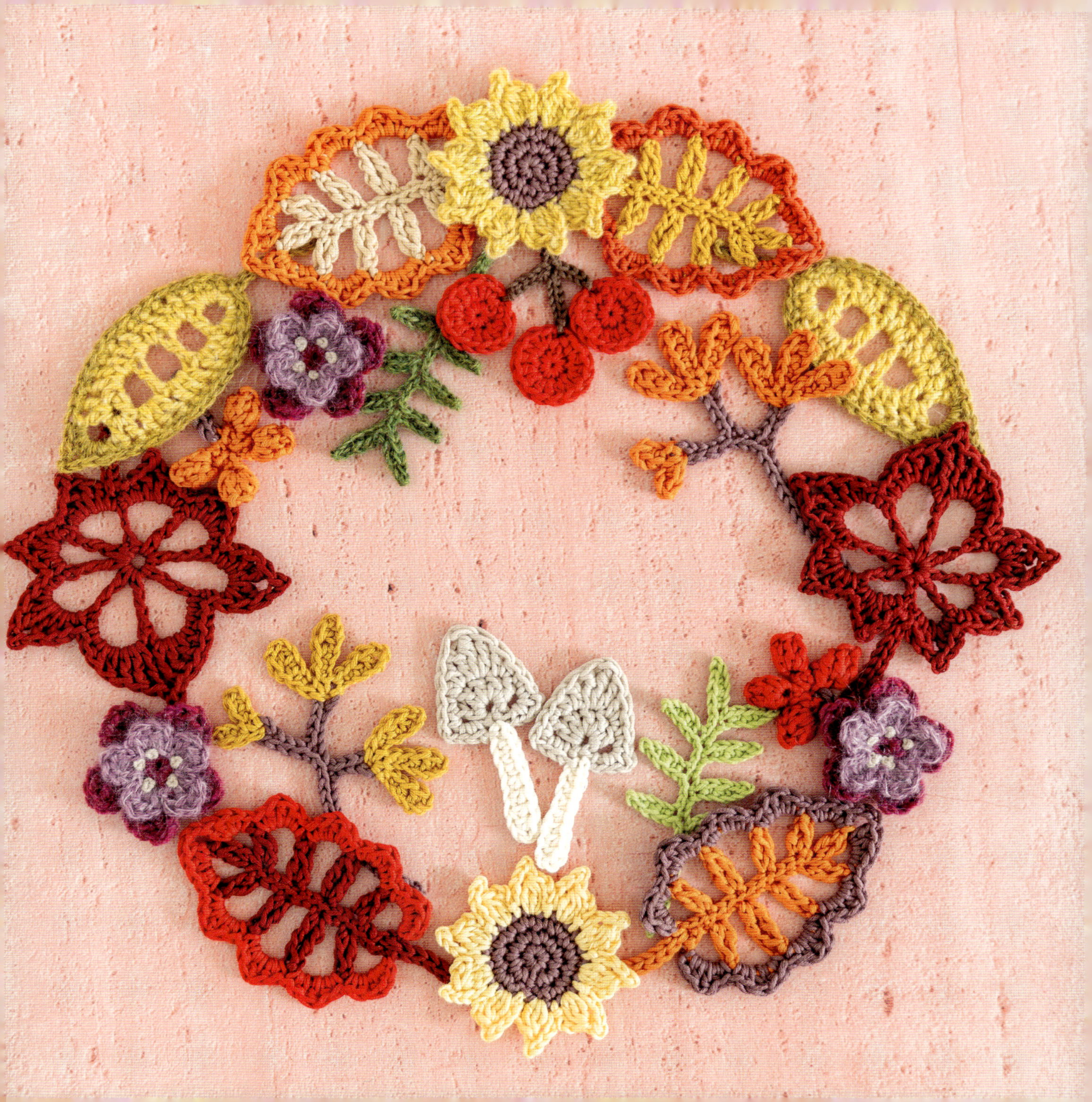

DIE MOTIVE

8

3

5

4

2

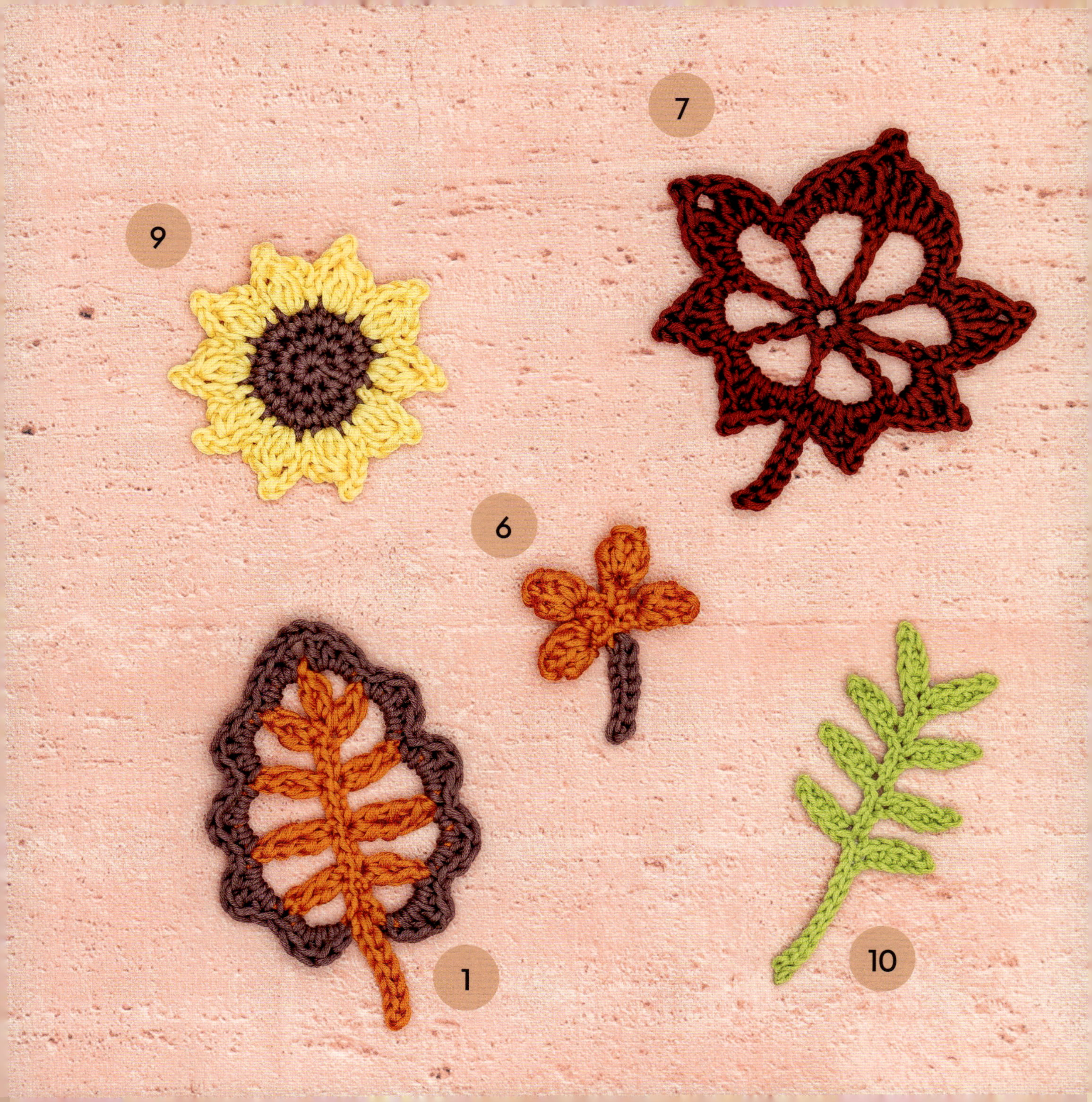
7
9
6
1
10

Material

1
+ **Garne A und B:** Drops Muskat (100 % Baumwolle; LL 100 m/50 g)
+ Häkelnadel 4 m

1. Runde: Mit Garn A (Orange) 14 Lm anschl, 1 Lm übergehen, je 1 Km in die nächsten 13 Lm, 1 Lm.
2. Runde: In die Lm der 1. Rd häkeln wie folgt: 1 Km ins hMg der 1. Lm, 2 Lm übergehen, 4 Lm, 2-Stb-Bm ins hMg der nächsten Lm, 2 Lm übergehen, 4 Lm, 2-DStb-Bm ins hMg der nächsten Lm, 2 x [2 Lm übergehen, 4 Lm, 2-Stb-Bm ins hMg der nächsten Lm], 3 Lm, 2-Stb-Bm in die Lm am Ende der 1. Rd, 3 Lm; dann über die andere Seite der Mittelrippe häkeln wie folgt: 1 Km übergehen, 2-Stb-Bm in die nächste Km, 2 Km übergehen, 4 Lm, 2-Stb-Bm in die nächste Km, 2 Km übergehen, 4 Lm, 2-DStb-Bm in die nächste Km, 2 Km übergehen, 4 Lm, 2-Stb-Bm in die nächste Km, 4 Lm, 2 Km übergehen, 1 Km in die nächste Lm an der Basis des Blattes.

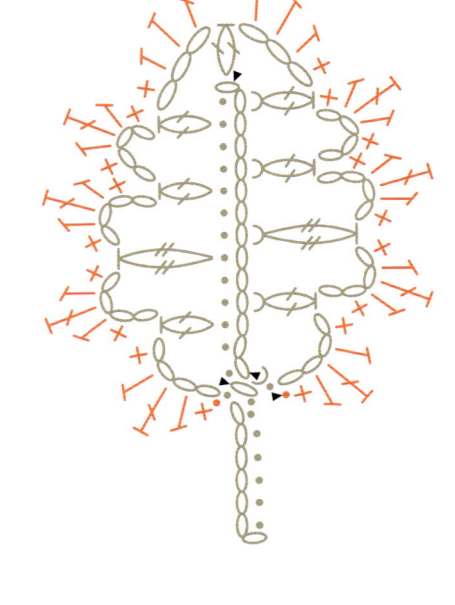

Stängel

7 Lm, 1 Lm übergehen, je 1 Km in die nächsten 6 Lm, mit 1 Km in die ursprüngliche Lm an der Basis des Blattes.
Garn A abschneiden und sichern.

3. Runde: Garn B (Braun) mit 1 Km am ersten 4-Lm-Bg anschlingen, * [1 fM, 1 hStb, 1 Stb, 1 hStb, 1 fM] * in den 4-Lm-Bg; von * bis * bei den nächsten drei 4-Lm-Bg wdh, [1 fM, 2 hStb, 1 Stb] in den nächsten 3-Lm-Bg, 2 Lm, [1 Stb, 2 hStb, 1 fM] in den nächsten 3-Lm-Bg; von * bis * bei den übrigen vier 4-Lm-Bg wdh, 1 Km in den letzten 4-Lm-Bg.
Garn B abschneiden und sichern. Alle Fadenenden vernähen.

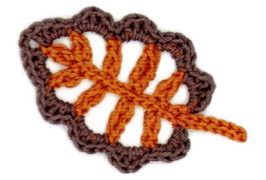

2

Material

- **Garn A:** Drops Muskat (100 % Baumwolle; LL 100 m/50 g)
- **Garn B:** Drops Safran (100 % Baumwolle; LL 160 m/50 g)
- Häkelnadel 3 mm oder 4 mm

Äpfel (3 x arb)

Mit Garn A (Rot) einen Fadenring arb.
1. Runde: 1 Lm (zählt als 1 fM), 7 fM in den Ring, die Rd mit 1 Km in die Anfangs-Lm schließen (= 8 fM).
2. Runde: 2 Lm, [1 fM, 1 hStb] in die nächste fM, 2 hStb in 5 fM, [1 hStb, 1 fM] in die nächste fM, die Rd mit 1 Km in die 1. der 2 Anfangs-Lm schließen. Den Faden abschneiden und sichern. Die Fadenenden vernähen.

Stängel

Mit Garn B (Braun) 10 Lm anschl, 1 Km in den 2-Lm-Bg auf der rechten Seite des 1. Apfels, je 1 Km in die nächsten 5 Lm, 6 Lm, 1 Km in den 2-Lm-Bg des 2. Apfels, je 1 Km in die nächsten 6 Lm, 4 Lm, 1 Km in den 2-Lm-Bg des 3. Apfels, je 1 Km in die verbleibenden 9 Stängel-Lm.
Den Faden abschneiden und sichern. Die Fadenenden vernähen.

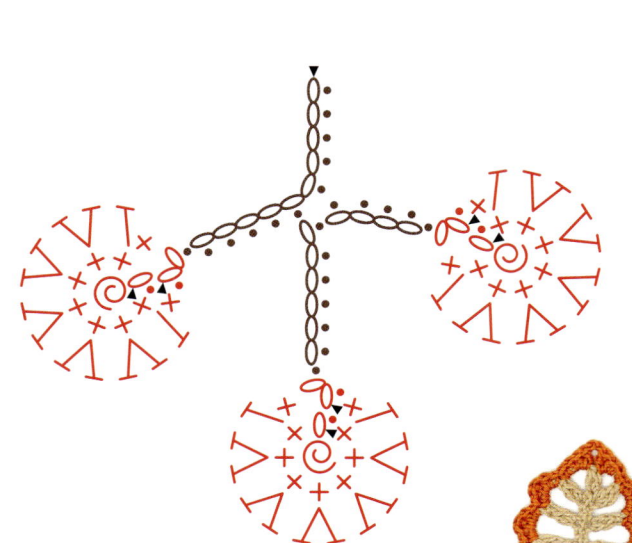

3

Material

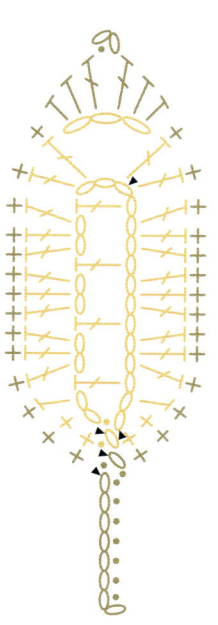

- **Garn A:** Drops Soft Tweed (50 % Schurwolle, 25 % Alpaka, 25 % Viskose; LL 130 m/50 g)
- **Garn B:** Drops Alpaca (100 % Alpaca; LL 167 m/50 g)
- Häkelnadel 4 mm

1. Runde: Mit Garn A (Gelb) 15 Lm anschl, 3 Lm übergehen, 1 Stb in die nächste Lm, 3 x [2 Lm übergehen, 2 Lm, 1 Stb in die nächste Lm], 2 Lm, 1 Lm übergehen, 1 Km in die Anfangs-Lm.
2. Runde: 1 Lm, [2 fM, 1 hStb] in den 2-Lm-Bg, je 3 Stb in die nächsten drei 2-Lm-Bg, [2 Stb, 3 Lm, 2 Stb] in den 3-Lm-Bg am Ende, je 3 Stb in die nächsten drei 2-Lm-Bg, [1 hStb, 2 fM] in den letzten 2-Lm-Bg, 1 Km in die Anfangs-Lm, dabei bereits Garn B (Senfgelb) durchziehen.
3. Runde: Mit Garn B weiterhäkeln wie folgt: 1 Lm, je 1 fM in die nächsten 2 fM, 1 fM in das hStb, je 1 fM in die nächsten 11 Stb, [2 hStb, 1 Stb, 2 Lm, 1 Lm übergehen, 1 Km in die nächste Lm, 1 Stb, 2 hStb] in den 3-Lm-Bg, je 1 fM in die nächsten 11 Stb, 1 fM in das hStb, je 1 fM in die nächsten 2 fM, 1 Km in die Anfangs-Lm.

Stängel

8 Lm, 1 Lm übergehen, je 1 Km in die nächsten 7 Lm, 1 Km in die nächste Lm an der Basis des Blattes.
Den Faden abschneiden und sichern. Die Fadenenden vernähen.

HERBSTKRANZ

4 Material

- **Garn A:** Drops Soft Tweed (50 % Schurwolle, 25 % Alpaka, 25 % Viskose; LL 130 m/50 g)
- **Garn B:** 1 Faden Drops Baby Alpaca Silk (70 % Alpaca, 30 % Seide; LL 167 m/50 g) und 1 Faden Drops Kid-Silk (75 % Mohair, 25 % Seide; LL 210 m/25 g) zusammen
- Reste von 4-fädigem Baumwollhäkelgarn oder Sticktwist für die Knötchenstiche
- Häkelnadel 4 mm

Äußere Blütenblätter

Mit Garn A (Dunkelrosa) einen Fadenring arb.
1. Runde: 10 fM in den Ring (= 10 M).
2. Runde: In die hMg der fM der 1. Rd häkeln wie folgt: * [1 Km, 3 Lm, 1 DStb] in die nächste fM, [1 DStb, 3 Lm, 1 Km] in die nächste fM; ab * noch 4 x wdh. Garn A abschneiden und sichern.

Innere Blütenblätter

3. Runde: Mit Garn B (Lila) beim vMg der 1. fM der 1. Rd beginnend in die vMg der 1. Rd häkeln wie folgt: * [1 Km, 2 Lm, 1 Stb] in die nächste fM, [1 Stb, 2 Lm, 1 Km] in die nächste fM; ab * noch 4 x wdh. Garn B abschneiden und sichern.

Stickerei

Mit 4-fädigem Baumwollhäkelgarn oder Sticktwist 1 Knötchenstich an die Basis jedes inneren Blütenblattes sticken.
Alle Fadenenden vernähen.

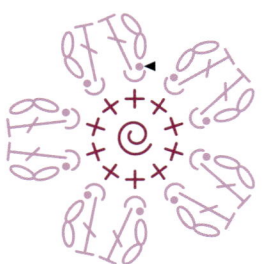

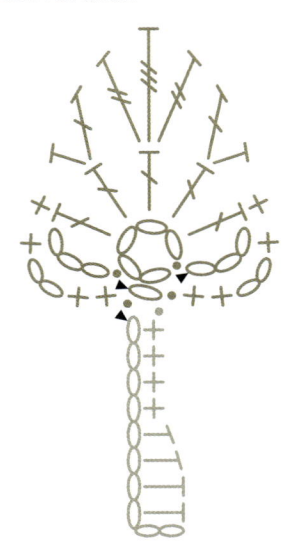

5 Material

- **Garne A und B:** Drops Muskat (100 % Baumwolle; LL 100 m/50 g)
- Häkelnadel 4 mm

Mit Garn A (Beige) 5 Lm anschl und mit 1 Km in die 1. Lm zum Ring schließen.
1. Runde: [3 Lm, 5 Stb, 3 Lm, 1 Km] in den Ring häkeln.
2. Runde: 1 Lm, [1 Km, 2 fM, 2 Lm, 1 fM] in den 3-Lm-Bg, 1 fM ins nächste Stb, [1 hStb, 1 Stb] ins nächste Stb, [1 DStb, 1 Dreifach-Stb, 1 DStb] ins nächste Stb, [1 Stb, 1 hStb] ins nächste Stb, 1 fM ins nächste Stb, [1 fM, 2 Lm, 2 fM] in den 3-Lm-Bg, 1 Km in die nächste Lm, dabei bereits Garn B (Weiß) durchziehen.

Stiel

Mit Garn B weiterhäkeln wie folgt: 10 Lm, 2 Lm übergehen, je 1 hStb in die nächsten 4 Lm, je 1 fM in die nächsten 4 Lm, 1 Km in die Anfangs-Lm am unteren Ende des Pilzhutes.
Den Faden abschneiden und sichern. Die Fadenenden vernähen.

6

Material
- **Garne A und B:** Drops Muskat (100 % Baumwolle; LL 100 m/50 g)
- Häkelnadel 4 mm

Beeren

Mit Garn A (Orange) 1 Lm häkeln, 4 x [4 Lm, 2 Lm übergehen, 4-Stb-Popcorn in 1 Lm, 3 Lm, 1 Km in Lm an der Basis des Popcorns, 1 Km in die nächste Lm], 1 Km in die Anfangs-Lm, dabei bereits Garn B (Braun) durchziehen.

Stiel

Mit Garn B weiterhäkeln wie folgt: 7 Lm, 1 Lm übergehen, 1 Km in 6 Lm, 1 Km in die ursprüngliche 1 Lm an der Basis des Beerenbüschels.
Den Faden abschneiden und sichern. Die Fadenenden vernähen.

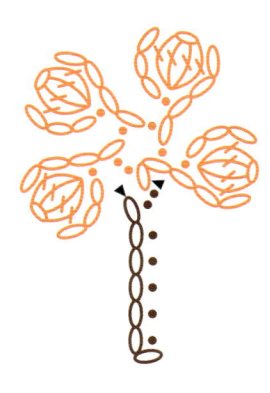

7

Material
- **Garn A:** Drops Muskat (100 % Baumwolle; LL 100 m/50 g)
- Häkelnadel 4 mm

Mit Garn A (Dunkelrot) 5 Lm anschl und mit 1 Km in die 1. Lm zum Ring schließen.
1. Runde: 6 Lm, 1 DStb in den Ring, 4 Lm, 1 DStb in den Ring, 4 x [6 Lm, 1 DStb in den Ring], 4 Lm, 1 DStb in den Ring, 4 Lm, die Rd mit 1 Km in die 2. der 6 Anfangs-Lm schließen.
2. Runde: 1 Lm, jeweils * [1 fM, 1 hStb, 1 Stb, 2 Lm, 1 Lm übergehen, 1 Km in die nächste Lm, 1 Stb, 1 hStb, 1 fM] * in die ersten zwei 4-Lm-Bg, [1 fM, 1 hStb, 1 Stb, 1 DStb, 2 Lm, 1 Lm übergehen, 1 Km in die nächste Lm, 1 DStb, 1 Stb, 1 hStb, 1 fM] in den ersten 6-Lm-Bg, [1 fM, 2 hStb, 2 Stb, 2 DStb, 2 Lm, 1 Lm übergehen, 1 Km in die nächste Lm] in den zweiten 6-Lm-Bg, [2 DStb, 2 Stb, 2 hStb, 1 fM] in den dritten 6-Lm-Bg, [1 fM, 1 hStb, 1 Stb, 1 DStb, 2 Lm, 1 Lm übergehen, 1 Km in die nächste Lm, 1 DStb, 1 Stb, 1 hStb, 1 fM] in den vierten 6-Lm-Bg; von * bis * bei den letzten beiden 4-Lm-Bg wdh, 1 Km in die Anfangs-Lm.

Stängel

8 Lm, 1 Lm übergehen, je 1 Km in die nächsten 7 Lm, 1 Km in die Anfangs-Lm.
Den Faden abschneiden und sichern. Die Fadenenden vernähen.

HERBSTKRANZ

8 Material

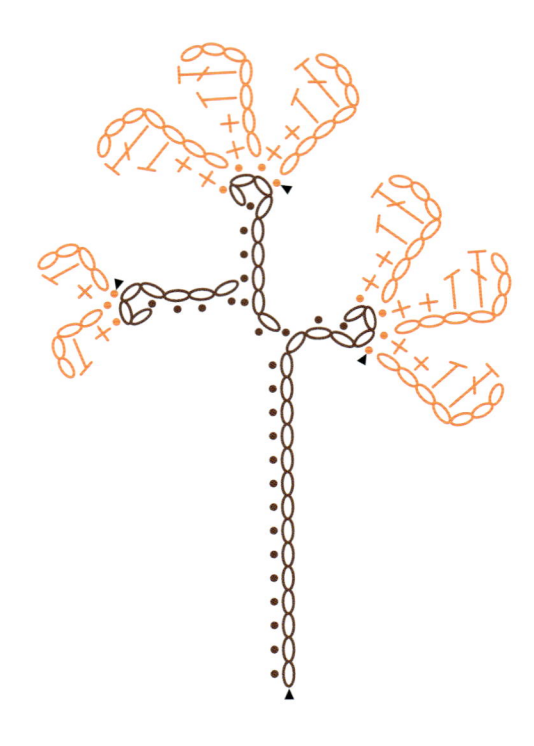

+ **Garne A und B:** Drops Muskat
  (100 % Baumwolle; LL 100 m/50 g)
+ Häkelnadel 4 mm

Stängel

Mit Garn A (Braun) 20 Lm anschl, 3 Lm übergehen, je 1 Km in die nächsten 3 Lm, 9 Lm, 3 Lm übergehen, je 1 Km in die nächsten 4 Lm, 7 Lm, 3 Lm übergehen, je 1 Km in die restl 20 Stängel-Lm. Garn A abschneiden und sichern.

Blüten

Garn B (Orange) mit 1 Km am ersten 4-Lm-Bg anschlingen, 3 x [7 Lm, 3 Lm übergehen, 1 Stb in die nächste Lm, 1 hStb in die nächste Lm, je 1 fM in die nächsten 2 Lm, 1 Km in den Ring]. Den Faden abschneiden und sichern.
Auf dieselbe Weise eine weitere Blüte in den zweiten 4-Lm-Bg häkeln.

Knospen

Garn B mit 1 Km am dritten 4-Lm-Bg anschlingen, 2 x [4 Lm, 2 Lm übergehen, 1 hStb in die nächste Lm, 1 fM in die nächste Lm, 1 Km in den Ring].
Den Faden abschneiden und sichern. Alle Fadenenden vernähen.

Tipp

Wenn man die Blüten und die Knospe von Motiv 8 mit einem Farbverlaufsgarn häkelt, entsteht eine reizvolle natürliche Wirkung.

9 Material

+ **Garn A:** Drops Muskat (100 % Baumwolle; LL 100 m/50 g)
+ **Garn B:** Drops Soft Tweed (50 % Schurwolle, 25 % Alpaka, 25 % Viskose; LL 130 m/50 g)/ Drops Muskat (100 % Baumwolle; LL 100 m/50 g)
+ Häkelnadel 4 mm

Mit Garn A (Braun) einen Fadenring arb.
1. Runde: 1 Lm (zählt hier und im Folg als 1 fM), 6 fM in den Ring, die Rd mit 1 Km in die Anfangs-Lm schließen (= 7 M).
2. Runde: 1 Lm, 1 fM in dieselbe M, 2 fM in jede fM der Vorrd, die Rd mit 1 Km in die Anfangs-Lm schließen (= 14 M).
3. Runde: 1 Lm, 1 fM in die nächste fM, 6 x [2 fM in die nächste fM, 1 fM in die nächste fM], die Rd mit 1 Km in die Anfangs-Lm schließen, dabei bereits Garn B (Gelb) durchziehen (= 20 M).
4. Runde: Mit Garn B weiterhäkeln wie folgt: 9 x [* 3 Lm, 3-Stb-Bm in die nächste fM, 2 Lm, 1 Lm übergehen, 1 Km in die nächste Lm, ** 1 Km in die nächste fM]; von * bis ** noch 1 x wdh, die Rd unsichtbar schließen (siehe Seite 120).

10 Material

+ **Garn A:** Drops Safran (100 % Baumwolle; LL 160 m/50 g)/ Drops Alpaca (100 % Alpaca; LL 167 m/50 g)
+ Häkelnadel 3 mm

Mit Garn A (Lindgrün) 10 Lm für den Stängel anschl. (Die Lm-Zahl kann je nach gewünschter Stängellänge angepasst werden.)
Blatt: [6 Lm, 1 Lm übergehen, 1 Km in die nächste Lm, 1 fM in die nächste Lm, 1 hStb in die nächste Lm, 1 fM in die nächste Lm, 1 Km in die nächste Lm].
3 x [3 Lm, 1 Blatt], 4 x [1 Blatt, je 1 Km in die nächsten 3 Lm], je 1 Km in die restl Stängel-Lm.
Den Faden abschneiden und sichern. Die Fadenenden vernähen.

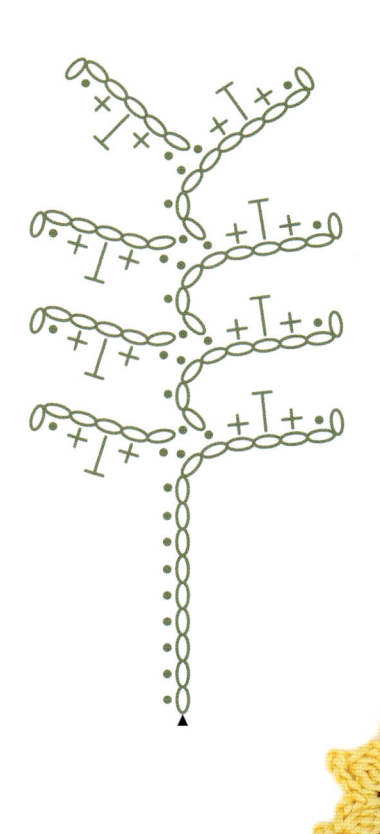

HERBSTKRANZ

Winterzauber

Das Blumenarrangement dieser Collage ist eine Hommage an den Zauber der Winterzeit. Obwohl viele Pflanzen in den kalten Monaten absterben, gibt es immer noch viel Interessantes zu entdecken, darunter immergrüne Nadelbäume, flauschige getrocknete Samenköpfe und Beeren. Ich wollte die kontrastreichen Formen des Laubes hervorheben. Oft entdecke ich Blätter, die sich teilweise zersetzt haben, sodass das Skelett der Adern zum Vorschein kommt. Die filigranen Muster sind unglaublich zart und wirken an frostigen Morgen besonders schön. Ich habe versucht, diesen Effekt mit Metallic- und Stickgarnen nachzubilden, um einige der Blätter mit silbrigen Raureifrändern zu versehen. Eine weitere Inspiration waren die mit Tauperlen glitzernden Spinnweben, die über die Gartenwege und Hecken gespannt sind. Für die Blumen wählte ich tiefe, satte Rot- und Korallentöne, passend zu den Beeren, aber auch um einen Kontrast zur Farbpalette des Gartens während der Winterruhe zu schaffen.

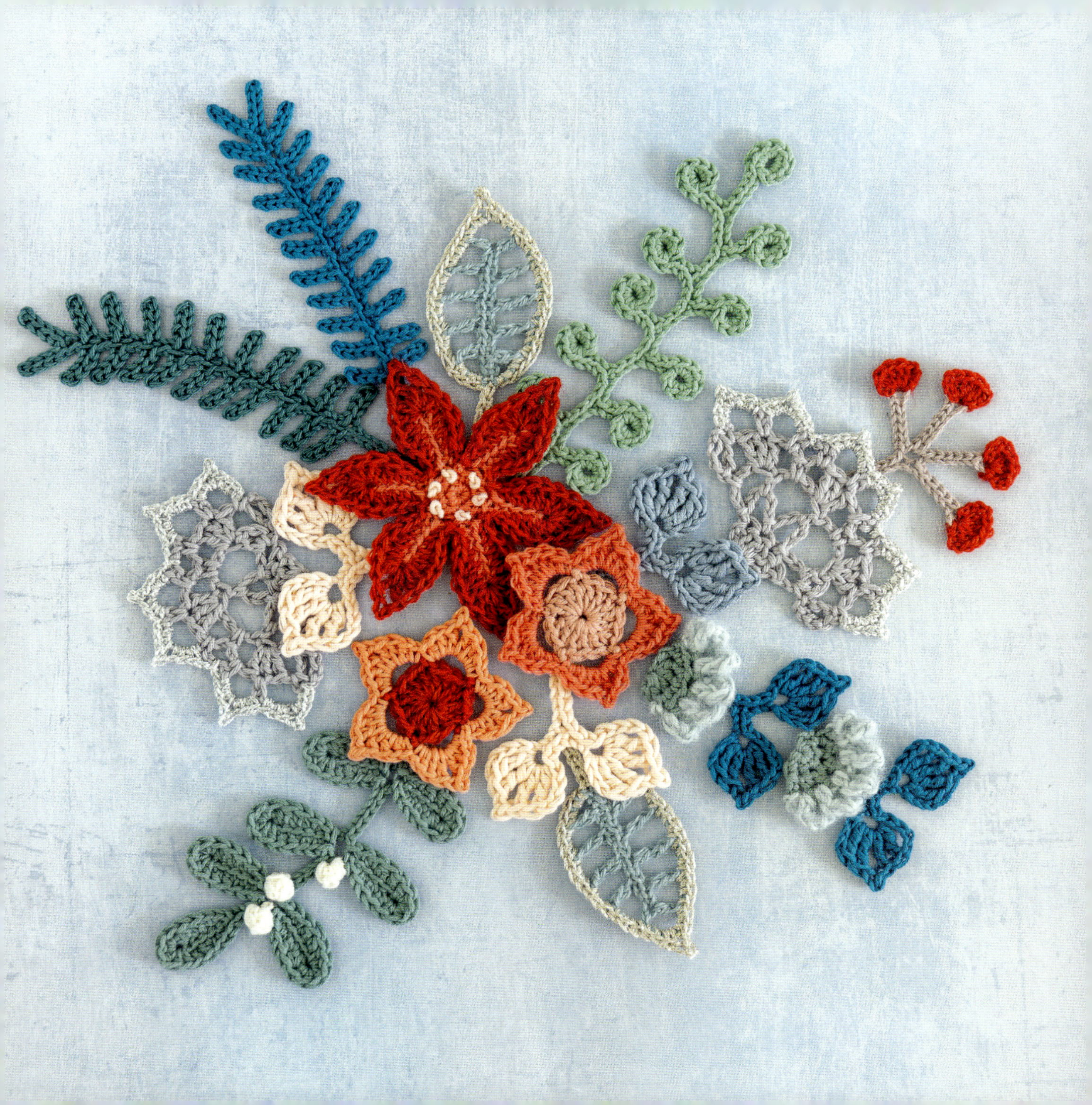

DIE MOTIVE

2

10

4

1

5

6

9

7

8

3

1

Material
- **Garne A und B:** Drops Flora (65 % Baumwolle, 35 % Alpaka; LL 210 m/50 g)
- Reste von kontrastfarbenen Baumwollgarnen für die Knötchenstiche
- Häkelnadel 3,5 mm

Mit Garn A (Korallenrot) 4 Lm anschl und mit 1 Km zum Ring schließen.
1. Runde: 1 Lm (zählt hier und im Folg als 1 fM), 5 fM in den Ring, die Rd mit 1 Km in die Anfangs-Lm schließen (= 6 M).
2. Runde: 1 Lm, 1 fM in dieselbe M, 2 fM in jede fM der Vorrd, die Rd mit 1 Km in die Anfangs-Lm schließen (= 12 M).
3. Runde: 5 x [* 8 Lm, 3 Lm übergehen, je 1 Km in die nächsten 5 Lm, 1 Lm, 1 fM übergehen *, 1 Km in die nächste fM], von * bis * noch 1 x wdh, die Rd mit 1 Km in die Km am Ende der 2. Rd schließen. Garn A abschneiden und sichern.
4. Runde: Garn B (Rot) mit 1 Km am ersten 1-Lm-Bg zwischen dem 1. und 2. Blütenblatt anschlingen, * 1 Km in die nächste Lm, 1 fM in die nächste Lm, 1 hStb in die nächste Lm, je 1 Stb in die nächsten 2 Lm, [2 Stb, 1 DStb, 2 Lm, 1 Lm übergehen, 1 Km in die nächste Lm, 1 DStb, 2 Stb] in den 3-Lm-Bg, je 1 Stb in die nächsten 2 Km, 1 hStb in die nächste Km, 1 fM in die nächste Km, 1 Km in den 1-Lm-Bg; ab * noch 5 x wdh. Garn B abschneiden und sichern.
Stickerei: Mit dem kontrastfarbenen Baumwollgarn jeweils 1 Knötchenstich an die Basis jedes Blütenblattes sticken. Den Faden abschneiden und sichern. Alle Fadenenden vernähen.

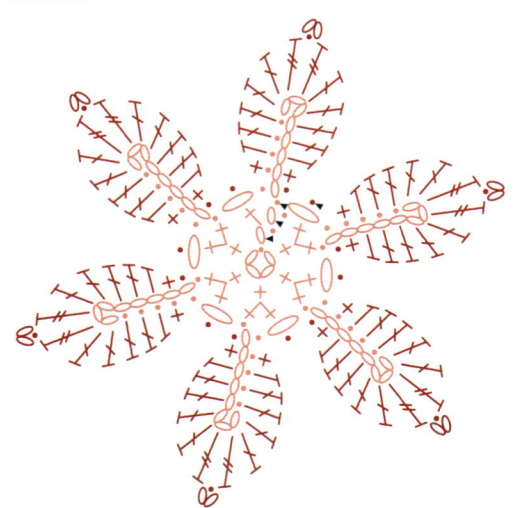

2

Material
- **Garn A:** Drops Safran (100 % Baumwolle; LL 160 m/50 g)
- **Garn B:** 1 Faden eines 4-fädigen Baumwollgarns (LL ca. 170 m/50 g) und 1 Faden Drops Brushed Alpaca Silk (77 % Alpaka, 23 % Seide; LL 140 m/25 g) zusammen
- Häkelnadel 3,5 mm

Mit Garn A (Blaugrün) einen Fadenring arb.
1. Reihe (Hinr): 2 Lm (zählen nicht als M), 5 hStb in den Ring, 2 Lm; wenden (= 5 hStb).
2. Reihe: 1 hStb in 5 hStb, beim Abmaschen der letzten M bereits Garn B (Hellblau) durchziehen; wenden.
3. Reihe: Mit Garn B weiterhäkeln wie folgt: 3 Lm, 1 Dreifach-Stb in dieselbe M, je 1 Dreifach-Stb in die nächsten 3 hStb, [1 Dreifach-Stb, 3 Lm, 1 Km] ins letzte hStb.
Den Faden abschneiden und sichern. Die Fadenenden vernähen.
Die langen M rollen sich ein und bilden die Blütenblätter.

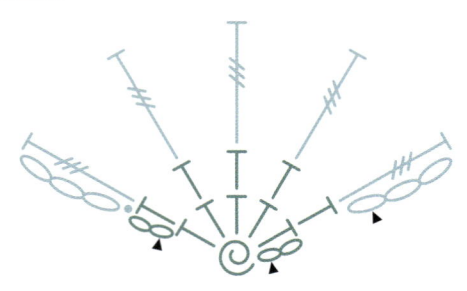

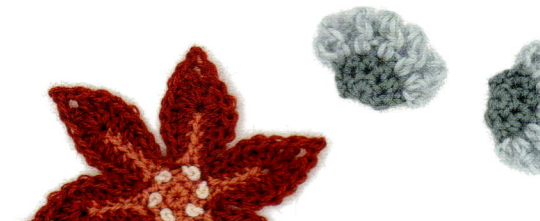

WINTERZAUBER

3 Material

+ **Garne A und B:** Drops Safran
  (100 % Baumwolle; LL 160 m/50 g)
+ Häkelnadeln 3 mm und 3,5 mm

Stängel

Mit Garn A (Grün) und der dickeren Häkelnd 9 Lm anschl.

Blatt

1. Runde: 9 Lm, 3 Lm übergehen, je 1 Km in die nächsten 6 Lm, den Faden unter der Arbeit führen.
2. Runde: 1 Km in die 1. Lm, je 1 fM in die nächsten 2 Lm, je 1 hStb in die nächsten 2 Lm, 5 hStb in den 3-Lm-Bg, je 1 hStb ins hMg der nächsten 2 Km, je 1 fM ins hMg der nächsten 2 Km, 1 Km ins hMg der nächsten Km.
* 6 Lm für den Stängel, 1 Blatt *; ab * noch 1 x wdh, 3 Lm für den Stängel, 1 Blatt, je 1 Km in die nächsten 3 Stängel-Lm, 1 Blatt, 2 x [je 1 Km in die nächsten 6 Stängel-Lm, 1 Blatt], je 1 Km in die restl 9 Stängel-Lm.

Beeren

Mit der dünneren Häkelnd Garn B (Wollweiß) mit 1 Km am Lm-Bg zwischen 2 einander gegenüberliegenden Blättern anschlingen, 2 Lm, 1 Lm übergehen, 4-Stb-Popcorn in 1 Lm, 2 Lm, 1 Km in dieselbe Lm wie das Popcorn, noch 1 Km in den Lm-Bg zwischen den Blättern. Den Faden abschneiden und sichern.
Nach Belieben weitere Beeren hinzufügen.
Den Faden abschneiden und sichern. Die Fadenenden vernähen.

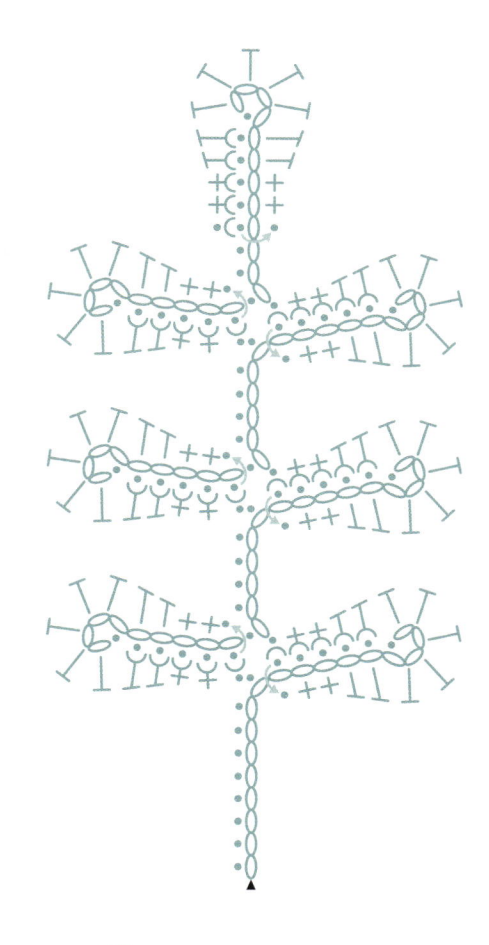

WINTERZAUBER

4 Material

+ **Garn A:** Drops Baby Alpaca Silk (70 % Alpaca, 30 % Seide; LL 167 m/50 g)
+ **Garn B:** Drops Flora (65 % Baumwolle, 35 % Alpaka; LL 210 m/50 g)
+ Häkelnadel 3 mm

Stängel

Mit Garn A (Beige) 10 Lm für den Hauptstängel anschl, 4 x [9 Lm, 4 Lm übergehen, je 1 Km in die nächsten 5 Lm], je 1 Km in die nächsten 10 Stängel-Lm. Garn A abschneiden und sichern.

Beeren

Mit Garn B (Rot) [1 Km, 3 Lm, 4 Stb, 3 Lm, 1 Km] in den 3-Lm-Bg am Ende des 1. Stängels arb.
In jeder der 3 anderen 3-Lm-Bg ebenfalls eine Beere auf dieselbe Weise häkeln.
Garn B abschneiden und sichern. Alle Fadenenden vernähen.

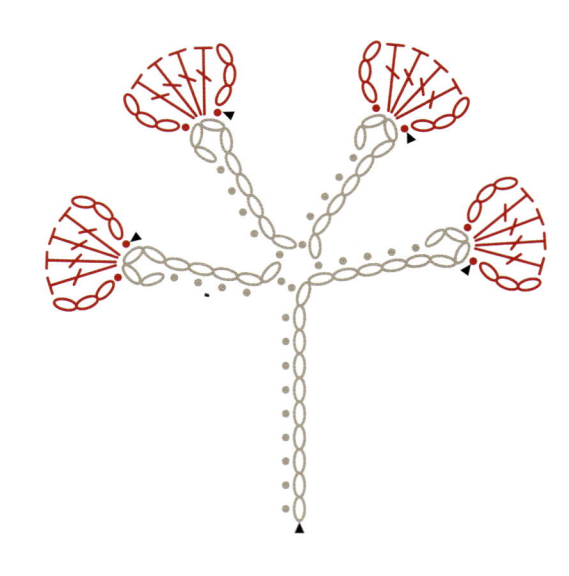

Tipp

Beim Vernähen der Fadenenden beide Enden zur Rückseite der Beere ziehen, zusammen in eine Wollnadel einfädeln, mit einigen Rückstichen auf der Rückseite der Stb vernähen und abschneiden.

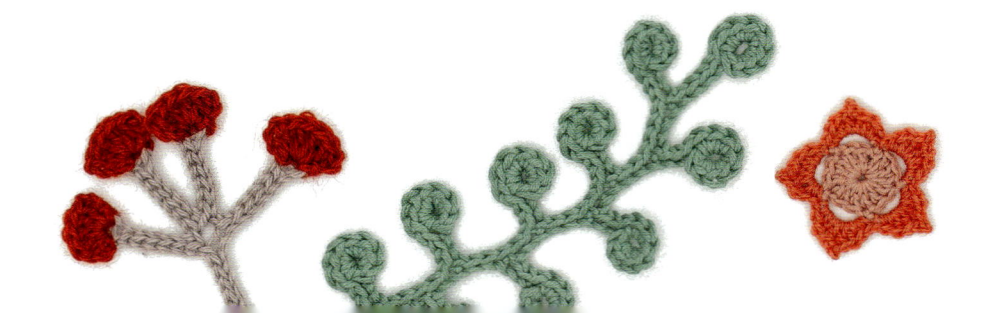

5

Material
- **Garn A:** Drops Safran (100 % Baumwolle; LL 160 m/50 g)
- Häkelnadel 3,5 mm

Mit Garn A (Grün) 10 Lm für den Stängel anschl.
Blatt: [6 Lm, 2 Lm übergehen, 1 Km in die nächste Lm, den Faden unter der Arbeit führen, 8 fM in den 3-Lm-Bg, je 1 Km in die nächsten 3 Lm].
* 5 Lm für den Stängel, 1 Blatt; ab * noch 4 x wdh, dann über die andere Seite des Stängels weiterhäkeln wie folgt: je 1 Km in die nächsten 2 Stängel-Lm, 5 x [1 Blatt, je 1 Km in die nächsten 5 Stängel-Lm], je 1 Km in die restl Stängel-Lm.
Den Faden abschneiden und sichern. Die Fadenenden vernähen.

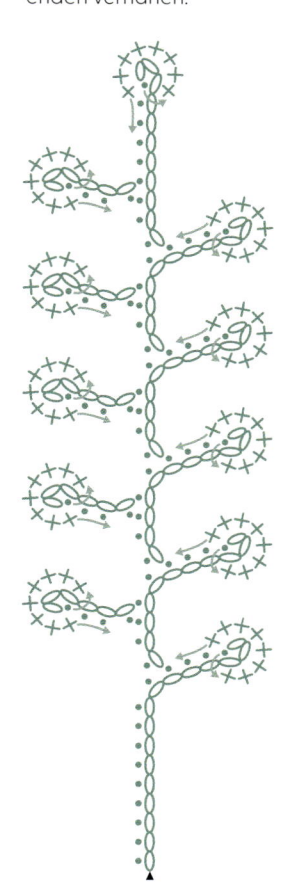

6

Material
- **Garne A und B:** Drops Safran (100 % Baumwolle; LL 160 m/50 g) oder Drops Flora (65 % Baumwolle, 35 % Alpaka; LL 210 m/50 g)
- Häkelnadel 3,5 mm

Mit Garn A (Rot) 5 Lm anschl und mit 1 Km in die 1. Lm zum Ring schließen.
1. Runde: 3 Lm (als Ersatz für 1 Stb), 14 Stb in den Ring, die Rd mit 1 Km in die oberste der 3 Lm schließen (= 15 Stb).
2. Runde: 4 x [5 Lm, die nächsten 2 Stb übergehen, 1 Km ins nächste Stb], 5 Lm, 1 Km in die Km am Ende der 1. Rd, dabei bereits Garn B (Korallenrot) durchziehen.
3. Runde: Mit Garn B weiterhäkeln wie folgt: * [1 fM, 1 hStb, 2 Stb, 2 Lm, 1 Lm übergehen, 1 Km in die nächste Lm, 2 Stb, 1 hStb, 1 fM] in den 5-Lm-Bg, 1 Km in die Km; ab * noch 4 x wdh.
Den Faden abschneiden und sichern. Die Fadenenden vernähen.

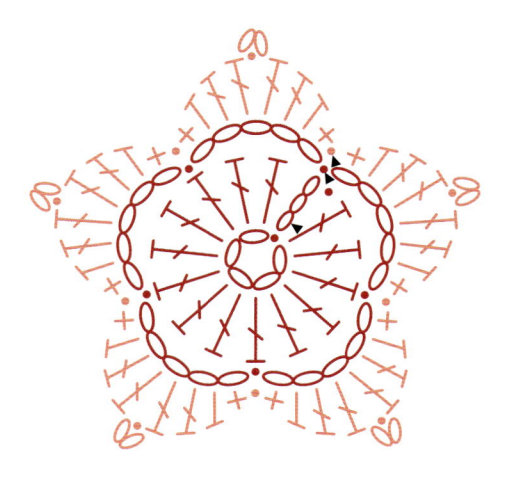

WINTERZAUBER

7

Material
- **Garn A:** Drops Safran (100 % Baumwolle; LL 160 m/50 g)
- Häkelnadel 3,5 mm

Mit Garn A (Türkis) 6 Lm für den Stängel anschl.
Fiederblättchen: 10 x [5 Lm, 1 Lm übergehen, je 1 Km in die nächsten 4 Lm, 1 Lm für den Stängel], 2 x [5 Lm, 1 Lm übergehen, je 1 Km in die nächsten 4 Lm], 10 x [1 Km in die nächste Lm des Stängels, 5 Lm, 1 Lm übergehen, je 1 Km in die nächsten 4 Lm], je 1 Km in die restl 6 Stängel-Lm. Den Faden abschneiden und sichern. Die Fadenenden vernähen.

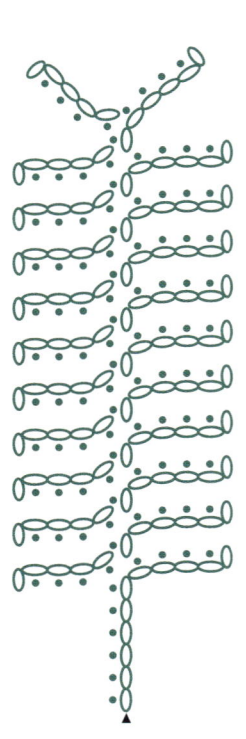

8

Material
- **Garn A:** Scheepjes Catona (100 % Baumwolle; LL 125 m/50 g)
- **Garn B:** Metallicgarn, z.B. DMC Lumina, Anchor Artiste Metallic oder Lammy Lurex
- Häkelnadel 3 mm oder 3,5 mm

Mit Garn A (Hellgrau) und der dickeren Häkelnd einen Fadenring arb.
1. Reihe (Rückr): 3 Lm (zählen nicht als M), 4 Stb in den Ring, 4 Lm; wenden.
2. Reihe (Hinr): Das 1. Stb übergehen, 1 Km ins nächste Stb, 2 x [4 Lm, 1 Km ins nächste Stb], 4 Lm; wenden.
3. Reihe: 2 x [1 hStb in den 4-Lm-Bg, 4 Lm], [1 hStb, 2 Lm, 1 Km] in den 4-Lm-Bg, 4 Lm; wenden.
4. Reihe: * 3 Stb in 1 hStb, [2 Lm, 1 fM, 2 Lm] in den 4-Lm-Bg; ab * noch 1 x wdh, 3 Stb ins nächste hStb, [3 Lm, 1 fM] in den 4-Lm-Bg, 4 Lm; wenden.
5. Reihe: 1 fM in den 3-Lm-Bg, 2 x [4 Lm, 1 Stb übergehen, 1 fM in 1 Stb, 4 Lm, 1 fM in den 2-Lm-Bg, 2 Lm, 1 fM in den nächsten 2-Lm-Bg], 4 Lm, 1 Stb übergehen, 1 fM ins nächste Stb, 4 Lm, 1 Km in den 4-Lm-Bg, 4 Lm, 1 Km in die Km am Ende der 3. R. Garn A abschneiden und sichern.
6. Reihe: Von der rechten Seite der Arbeit mit der dünneren Häkelnd Garn B (Silber) mit 1 Km an der 1. fM der 5. R anschlingen, 2 x [* [3 fM, 2 Lm, 1 Lm übergehen, 1 Km in die nächste Lm, 3 fM] in den 4-Lm-Bg *; ab * beim nächsten 4-Lm-Bg wdh, 1 Lm, 1 Km in den 2-Lm-Bg, 1 Lm]; von * bis * noch 1 x wdh, mit 1 Km in die Km der Vorr enden.
Den Faden abschneiden und sichern. Die Fadenenden vernähen.

WINTERZAUBER

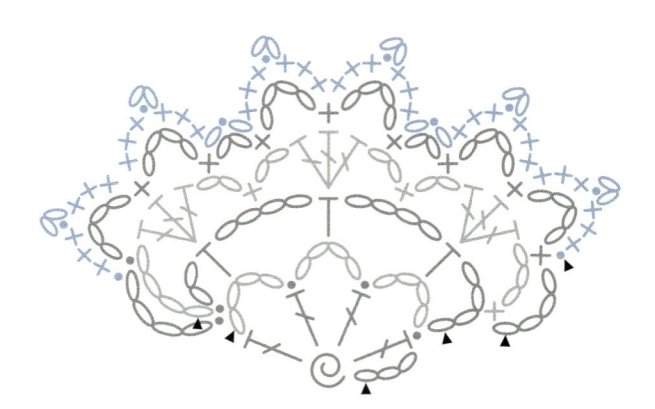

9

Material
- **Garn A:** Drops Baby Alpaca Silk (70 % Alpaca, 30 % Seide; LL 167 m/50 g)
- **Garn B:** Stickgarn DMC Metallic-Silber
- Häkelnadel 3 mm

Mit Garn A (Blau) 15 Lm anschl, 1 Lm übergehen, je 1 Km in die nächsten 14 Lm häkeln.
1. Runde: 4 Lm, 2 x [2 Lm übergehen, 1 Stb ins hMg der nächsten Lm, 2 Lm], 2 Lm übergehen, 1 DStb ins hMg der nächsten Lm, 2 Lm, 2 Lm übergehen, 1 Stb ins hMg der nächsten Lm, 2 Lm, 2 Lm übergehen, [1 Stb, 4 Lm, 1 Stb] in die Wende-Lm, 2 Lm, 2 Km übergehen, 1 Stb ins hMg der nächsten Km, 2 Lm, 2 Km übergehen, 1 DStb ins hMg der nächsten Km, 2 Lm, 2 Km übergehen, 1 Stb ins hMg der nächsten Km, 2 Lm, 2 Km übergehen, 1 Stb ins hMg der nächsten Km, 3 Lm, 1 Km in die 1. der 4 Anfangs-Lm, dabei bereits Garn B (Silber) durchziehen.
2. Runde: Mit Garn B weiterhäkeln wie folgt: 1 Lm, 3 fM in den 4-Lm-Bg, 4 x [3 fM in den 2-Lm-Bg], [2 fM, 1 hStb, 3 Lm, 2 Lm übergehen, 1 Km in die nächste Lm, 1 hStb, 2 fM] in den 4-Lm-Bg, 4 x [3 fM in den 2-Lm-Bg], 3 fM in den 3-Lm-Bg, 1 Km in die Anfangs-Lm.

Stängel

7 Lm, 1 Lm übergehen, je 1 Km in die nächsten 6 Lm, 1 Km in die nächste Lm an der Basis des Blattes.
Den Faden abschneiden und sichern. Die Fadenenden vernähen.

10

Material
- **Garn A:** Drops Muskat (100 % Baumwolle; LL 100 m/50 g)
- Häkelnadel 4 mm

Mit Garn A (Koralle hell) 6 Lm für den Stängel anschl.
Blatt: {7 Lm, 4 Lm übergehen, [2 DStb, 2 Lm, 1 Lm übergehen, 1 Km in die nächste Lm, 2 DStb, 4 Lm, 1 Km] in 1 Lm, je 1 Km in die nächsten 2 Lm}.
1 Blatt, je 1 Km in die nächsten 6 Stängel-Lm.
Den Faden abschneiden und sichern. Die Fadenenden vernähen.

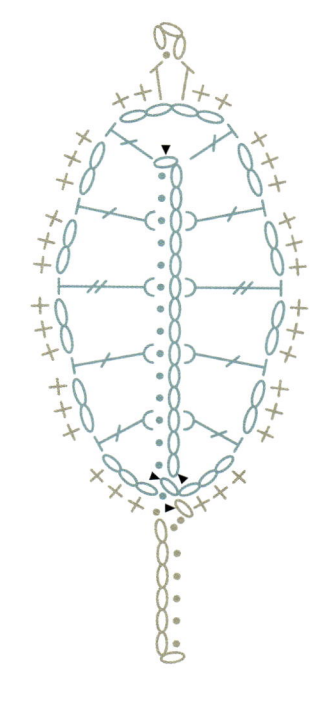

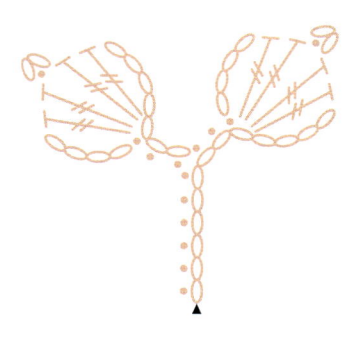

WINTERZAUBER

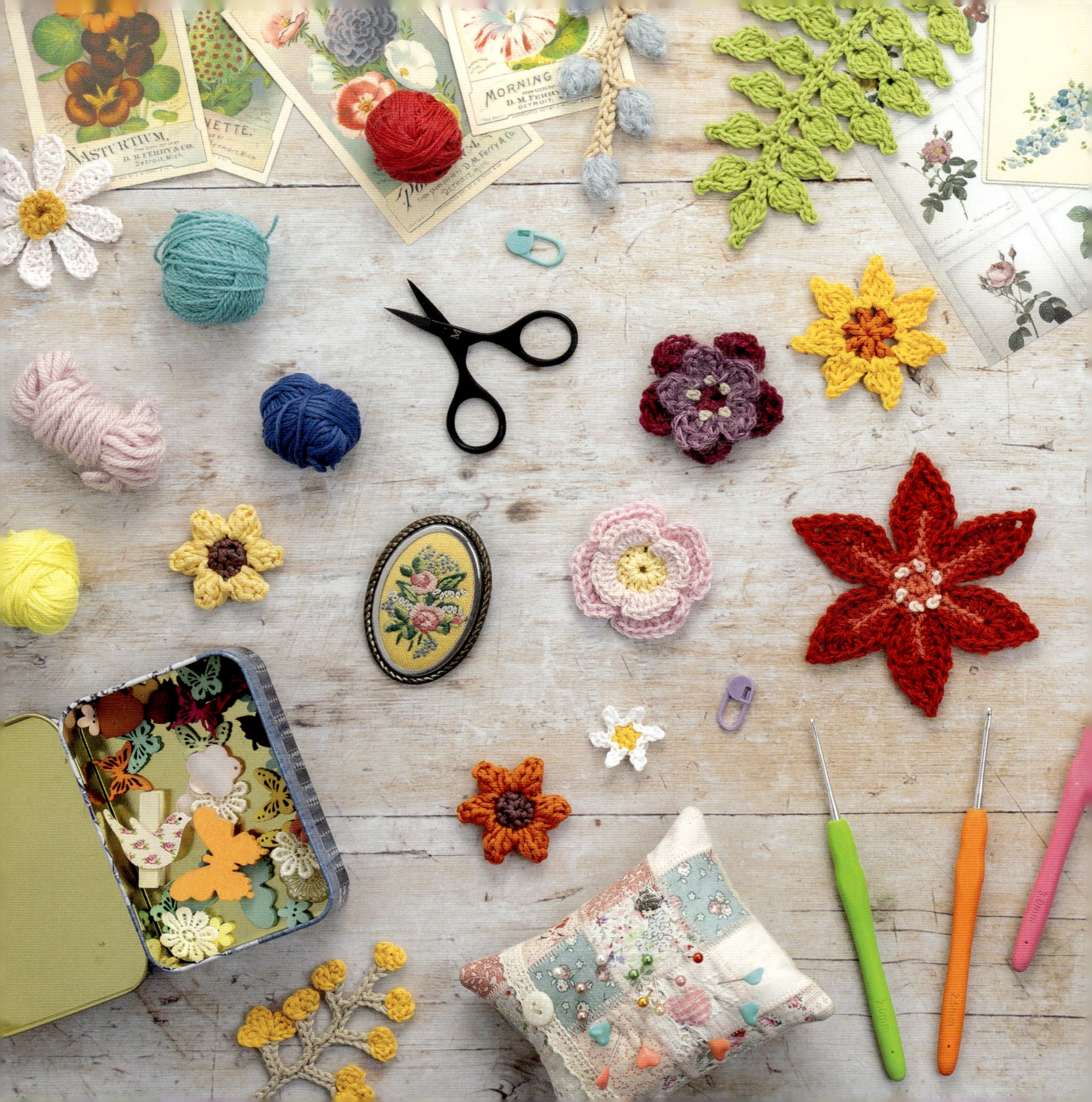
NASTURTIUM
D. M. FERRY & CO.
MORNING
D. M. FERRY & CO
DETROIT

Techniken

Allgemeine Informationen

Abkürzungen

abm	abmaschen
Abn	Abnahme(n)
anschl	anschlagen
Bg	Bogen
Bm	Büschelmasche(n)
cm	Zentimeter
Dreifach-Stb	Dreifachstäbchen
DStb	Doppelstäbchen
fM	feste Masche(n)
folg	folgende(n)
fortlfd	fortlaufend
Häkelnd	Häkelnadel
Hinr	Hinreihe
hMg	hinteres Maschenglied
hStb	halbe(s) Stäbchen
Km	Kettmasche(n)
LL	Lauflänge
Lm	Luftmasche(n)
M	Masche(n)
Nd	Nadel
R	Reihe(n)
Rd	Runde(n)
restl	restliche(n)
Rückr	Rückreihe
Stb	Stäbchen
U	Umschlag/Umschläge
vMg	vorderes Maschenglied
Vorr	Vorreihe
Vorrd	Vorrunde
wdh	wiederholen
zus	zusammen

Zeichenerklärung

- Fadenring
- Luftmasche (Lm)
- Kettmasche (Km)
- feste Masche (fM)
- Beginn
- unter dem hMg einstechen
- unter dem vMg einstechen
- halbes Stäbchen (hStb)
- Stäbchen (Stb)
- Doppelstäbchen (DStb)
- Dreifachstäbchen (Dreifach-Stb)
- 2-Stb-Bm
- 3-Stb-Bm
- 4-Stb-Bm
- 5-Stb-Bm
- 2-DStb-Bm
- 4-DStb-Bm
- 3-Stb-Popcorn
- 4-Stb-Popcorn
- 4-DStb-Popcorn
- 2 Stb zus abm

Häkelmaschen

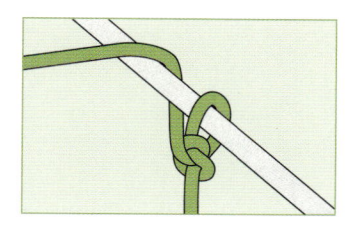

Luftmasche (Lm)
Mit einer Anfangsschlinge (Laufknoten) auf der Häkelnadel beginnen. Den Faden um die Häkelnadel legen (= den Faden holen). Die Häkelnadel durch die Anfangsschlinge ziehen.

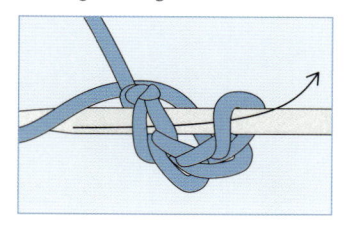

Kettmasche (Km)
Die Häkelnadel in eine Masche einstechen, den Faden holen und durch die Masche und die Schlinge auf der Häkelnadel ziehen.

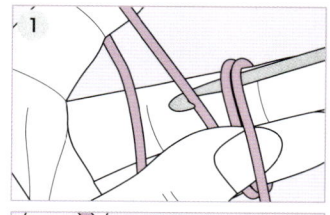

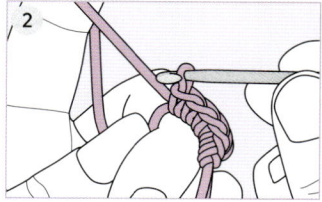

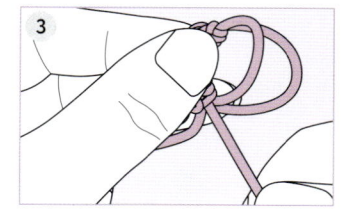

Fadenring
Das Fadenende hängen lassen. Eine Schlinge bilden und fest zwischen 2 Fingern halten. Die Häkelnadel in diesen Ring einstechen und den Faden durchziehen [1]. 1 Kettmasche zum Fixieren arbeiten, dann Maschen in den Ring häkeln [2]. Zuletzt am Anfangsfaden ziehen, um den Ring zu schließen [3]. Die Runde mit 1 Kettmasche in die 1. Masche schließen.

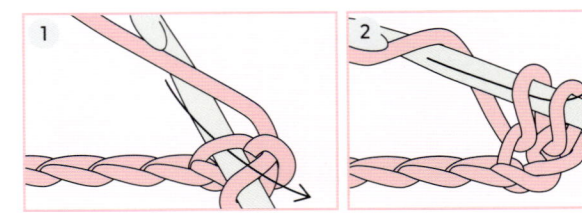

Feste Masche (fM)
Die Häkelnadel in die Masche einstechen, den Faden holen und durch die Masche ziehen (= 2 Schlingen auf der Häkelnadel) [1]. Den Faden noch einmal holen und durch beide Schlingen auf der Häkelnadel ziehen (= 1 Schlinge auf der Häkelnadel) [2].

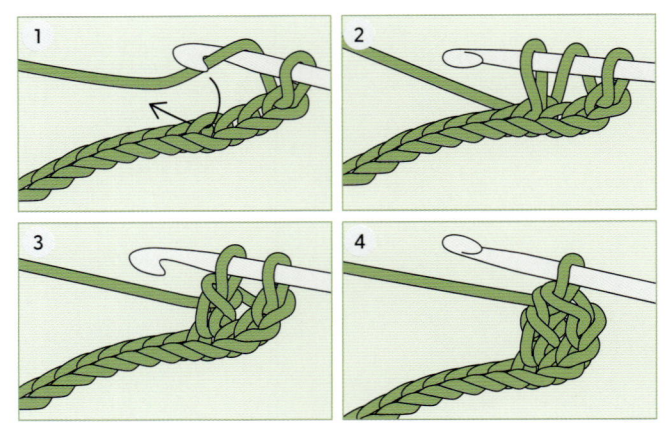

Stäbchen (Stb)
1 Umschlag, in die Masche einstechen [1]. Den Faden holen und durch die Masche ziehen (= 3 Schlingen auf der Häkelnadel) [2]. * Den Faden holen und durch 2 Schlingen auf der Häkelnadel ziehen [3]. Ab * wiederholen.

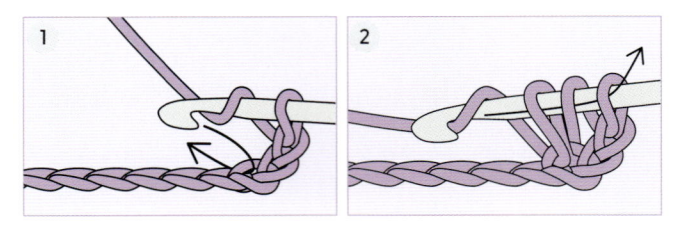

Halbes Stäbchen (hStb)
1 Umschlag arbeiten, in die Masche einstechen [1], den Faden holen und durch die Masche ziehen (= 3 Schlingen auf der Häkelnadel). Den Faden holen und durch durch alle 3 Schlingen ziehen [2].

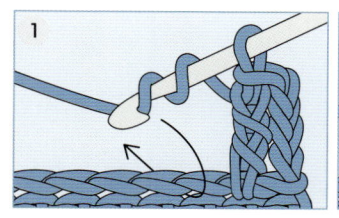

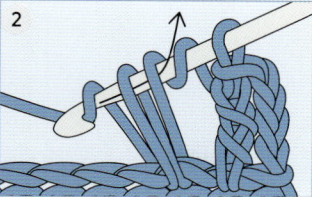

Doppelstäbchen (DStb)

2 Umschläge [1], in die Masche einstechen, den Faden holen und durch die Masche ziehen. Den Faden holen und durch 2 Schlingen auf der Häkelnadel ziehen (= 3 Schlingen auf der Häkelnadel) [2]. * Den Faden holen und durch 2 Schlingen ziehen (= 2 Schlingen auf der Häkelnadel). Ab * wiederholen (= 1 Schlinge auf der Häkelnadel).

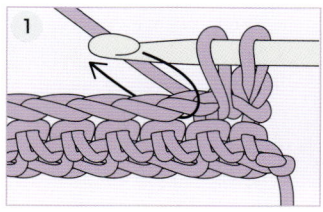

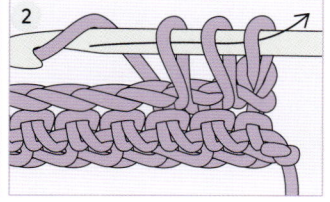

2 fM zus abm

Die Häkelnadel in die Masche einstechen, den Faden holen und durch die Masche ziehen (= 2 Schlingen auf der Häkelnadel) [1]. In die nächste Masche einstechen, den Faden holen und durchziehen (= 3 Schlingen auf der Häkelnadel). Den Faden holen und durch alle 3 Schlingen ziehen (= 1 Schlinge auf der Häkelnadel) [2].

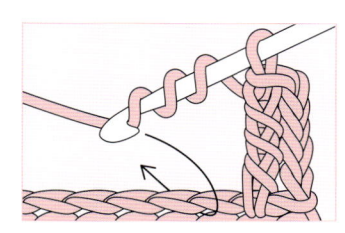

Dreifachstäbchen (Dreifach-Stb)

Das Dreifachstäbchen wird wie das Doppelstäbchen, jedoch mit 3 Umschlägen am Beginn statt mit 2 gearbeitet. 3 Umschläge, in die Masche einstechen, den Faden holen und durch die Masche ziehen. * Den Faden holen und durch 2 Schlingen ziehen * (= 4 Schlingen auf der Häkelnadel). Von * bis * wiederholen (= 3 Schlingen auf der Häkelnadel). Von * bis * wiederholen (= 2 Schlingen auf der Häkelnadel). Von * bis * wiederholen (= 1 Schlinge auf der Häkelnadel).

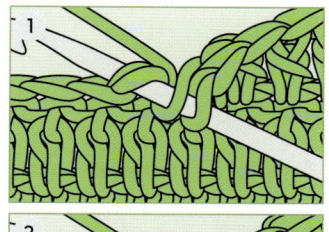

2 Stb zus abm

1 Umschlag, in die Masche einstechen [1], den Faden holen und durch die Masche ziehen, den Faden holen und durch 2 Schlingen ziehen (= 2 Schlingen auf der Häkelnadel). 1 Umschlag, in die nächste Masche einstechen [2], den Faden holen und durch 2 Schlingen ziehen, dann den Faden holen und durch die restlichen 3 Schlingen ziehen [3].

HÄKELMASCHEN

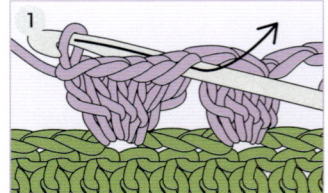

Popcorn
4 Stäbchen (bzw. so viele, wie in der Anleitung angegeben) in dieselbe Masche häkeln, die Häkelnadel aus der Arbeitsschlinge ziehen und ins Abmaschglied des 1. Stäbchens der Gruppe einstechen. Die Arbeitsschlinge wieder aufnehmen und durch das Abmaschglied des 1. Stäbchens ziehen [1 und 2].

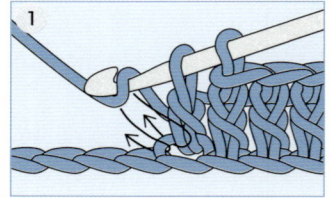

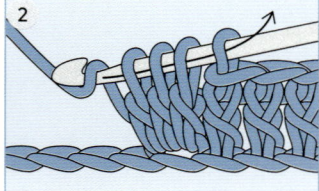

Büschelmasche
Die 1. Masche bis vor das letzte Abmaschen arbeiten [1]. Weitere Maschen ebenfalls bis vor das letzte Abmaschen in dieselbe Einstichstelle arbeiten, dann den Faden holen und durch alle Schlingen auf der Häkelnadel ziehen [2].

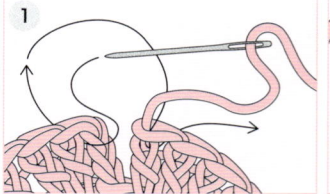

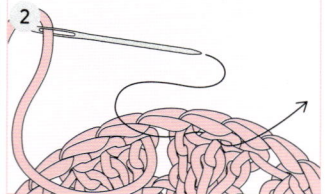

Unsichtbarer Rundenschluss
Nach der letzten Masche der Runde den Faden bis auf ein 20 cm langes Ende abschneiden und das Fadenende durch die Arbeitsschlinge ziehen. Das Fadenende in eine stumpfe Sticknadel einfädeln und diese von vorne nach hinten durch die oberen 2 Maschenglieder der 1. Masche der Runde einstechen, dann von vorne nach hinten unter dem hinteren Maschenglied der letzten Masche einstechen [1]. Den Faden so durchziehen, dass die entstandene Masche wirkt wie die übrigen Maschen und die Verbindungsstelle unsichtbar ist. Das Fadenende vernähen [2].

Zierstiche

Mit dieser Auswahl an einfachen Stickstichen können Sie Ihre Blüten oder Blätter mit zusätzlichen Details schmücken oder eine gehäkelte Schale oder Vase verzieren.

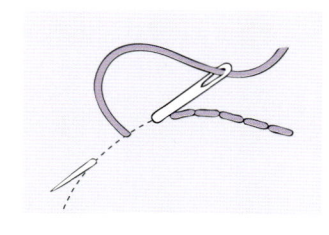

Rückstich
Von hinten nach vorne ausstechen und einen kleinen Stich zurück arbeiten. Die Nadel eine Stichlänge vor dem 1. Stich erneut ausstechen und am Ende des 1. Stichs wieder einstechen. Diesen Vorgang bis zur gewünschten Linienlänge stets wiederholen. Ideal für Stängel!

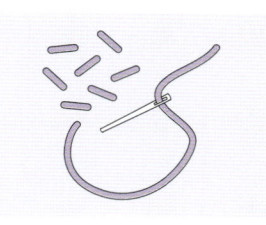

Spannstich
Von hinten nach vorne aus- und an der gewünschten Stelle wieder einstechen, sodass ein einzelner gerader Stich entsteht. Länge und Winkel können variiert werden, um unterschiedliche Effekte zu erzielen. Der Stich eignet sich gut zum Gestalten von Blütenzentren.

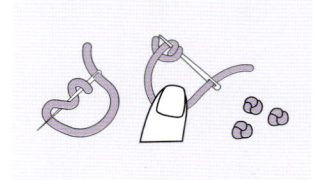

Knötchenstich
Von hinten nach vorne ausstechen, den Faden 2- oder 3-mal um die Nadel wickeln und, während Sie den Faden mit der anderen Hand straff halten, die Nadel dicht neben der Ausstichstelle wieder einstechen. Den Faden anziehen, bis er verschwindet und sich ein Knötchen bildet.

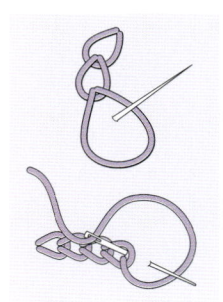

Kettenstich
Von hinten nach vorne ausstechen und den Faden zur Schlinge legen. Die Nadel in die Ausstichstelle wieder einstechen und eine Stichlänge weiter vorne wieder ausstechen. Den Faden unter die Nadel legen und durchziehen.

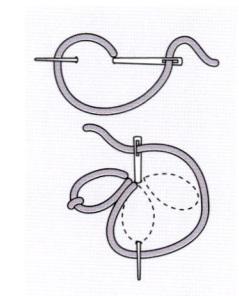

Margeritenstich
Einen einzelnen Kettenstich arbeiten, dann die Schlinge mit einem kurzen Spannstich fixieren. Einige Stiche kreisförmig zu einer Blüte anordnen. Durch längere oder kürzere Kettenstiche lassen sich unterschiedlich geformte Blütenblätter gestalten.

Weitere Techniken

Auf diesen Seiten finden Sie einige hilfreiche Tipps, wie Sie Ihre Häkelmotive professionell fertigstellen können, sodass sie im gewählten Collageprojekt perfekt zur Geltung kommen.

Einfache Stängel
Bei manchen Motiven wird der Stängel in der Anleitung ausführlich beschrieben. Bei anderen bezieht sich die Anleitung nur auf die Blüte. Vielleicht wollen Sie aber trotzdem einen Stängel hinzufügen. Dessen Länge hängt natürlich von Ihrem jeweiligen Projekt ab, aber die grundlegende Technik ist in allen Fällen die gleiche.

Stängel häkeln
Sie häkeln zunächst einfach eine Luftmaschenkette in der gewünschten Länge, übergehen 1 Luftmasche und arbeiten dann 1 Kettmasche in jede folgende Luftmasche. Wenn der Stängel ein bisschen dicker werden soll, häkeln Sie feste Maschen statt der Kettmaschen. Für einen dünneren Stängel arbeiten Sie nur eine Luftmaschenkette in der erforderlichen Länge, ohne sie anschließend mit Kettmaschen zu behäkeln. Sie können die Stärke und Struktur von Stängeln auch durch die Wahl von Garnen aus unterschiedlichen Fasern variieren.

Blüte am Stängel befestigen
Um Blüte und Stängel miteinander zu verbinden, gibt es mehrere Möglichkeiten.
+ Sie können den Stängel gleich während des Häkelns an der Blüte anbringen. Wenn die Luftmaschenkette die gewünschte Länge hat, arbeiten Sie 1 Kettmasche in die Rückseite der Blüte (vielleicht hinter einer der mittleren Maschen oder irgendwo nahe der Basis eines Blütenblattes), übergehen 1 Luftmasche und häkeln dann Kettmaschen am Stängel entlang zurück.
+ Wenn Sie den Stängel separat gearbeitet haben, befestigen Sie ihn mit Nähnadel, Nähgarn und einigen Stichen an der Blüte. Sie können aber auch beim Beenden der Blüte ein langes Fadenende zum Annähen des Stängels hängen lassen.
+ Einen einzeln gehäkelten Stängel können Sie auch mit einem kleinen Tupfen Bastelkleber hinter der Blüte fixieren. Diese Methode eignet sich perfekt, wenn Sie eine Collage oder ein ähnliches Arrangement anfertigen. Falls das Projekt – beispielsweise eine Kissenhülle oder ein Kleidungsstück – aber gewaschen werden soll, ist das Ankleben nicht zu empfehlen.

Spannen und stärken
Die meisten Motive in diesem Buch werden noch schöner, wenn man sie spannt. Das Spannen ist ganz einfach und verbessert Form und Definition der Teile. Sie brauchen dazu keine besondere Ausrüstung.
Ich verwende ein zusammengelegtes altes Handtuch und ein paar Stecknadeln. Stecken Sie das Motiv leicht gedehnt auf und richten Sie Ihr Augenmerk dabei besonders auf die Spitzen von Blättern oder Blütenblättern. Bei Picotzacken stechen Sie die Stecknadel in die übersprungene(n) Masche(n) ein und ziehen sie ein bisschen nach außen. Ich sprühe die Teile gern mit Wäschestärke oder anderer Textilsteife ein, um ihnen eine gewisse Stabilität zu verleihen. Aber auch wenn man sie mit einfachem Wasser einsprüht und trocknen lässt, bleiben sie gut in Form. Vor allem längere Stängel neigen dazu, sich zu verdrehen und einzurollen. Um das zu verhindern, trage ich oft einen zweiten Sprühstoß Wäschestärke oder Textilsteife auf, wenn die erste Schicht getrocknet ist.

Plastische Motive

Wenn Sie möchten, dass Ihre Blütenblätter dreidimensional wirken oder Blätter sich leicht einrollen, können Sie die Häkelmotive mit den Fingern in die gewünschte Form bringen und dann großzügig mit Sprühstärke oder Textilsteife behandeln, bevor Sie alles an der Luft trocknen lassen. Eine zweite Schicht Stärke verleiht dem Ganzen zusätzliche Stabilität. Noch mehr Festigkeit lässt sich erzielen, wenn man das Häkelmotiv in flüssiger Stärke einweicht, bevor man es in Form bringt und trocknen lässt. Bedenken Sie aber, dass jedes Häkelteil seine Steifigkeit verliert, wenn es feucht wird oder gewaschen werden muss. Danach muss es wieder neu gestärkt werden.

Hilfreiche Tipps

Vernähen vieler Fadenenden

Wenn man viele kleine Blüten oder Knospen an einen Stängel anhäkelt, bleiben unvermeidlich viele Fadenenden hängen, die vernäht werden müssen. Ich finde, dass es Zeit und Mühe spart, wenn man jeweils zwei davon auf einmal vernäht. Achten Sie darauf, dass beide Fadenenden dicht beieinander liegen, beispielsweise an derselben kleinen Knospe. Dann ziehen Sie beide Enden zur Rückseite der Arbeit durch, schneiden sie auf gleiche Länge, fädeln sie gemeinsam in eine stumpfe Stick- oder Wollnadel ein und vernähen sie wie gewohnt.

Garne mit Farbverlauf für natürliche Effekte

Die Farben von Blüten variieren auf natürliche Weise, und durch ein Garn mit langem Farbverlauf lässt sich dieser Effekt bei gehäkelten Motiven nachempfinden. Wenn man mehrere Blüten mit demselben Farbverlaufsgarn arbeitet, unterscheiden sie sich ganz leicht in der Färbung und ergeben zusammen in einer Collage eine sehr natürliche Wirkung.

Unterschiedliche Strukturen

Meine Collagen habe ich durch ein paar zusätzliche Elemente aufgepeppt, beispielsweise Stoffe mit unterschiedlichen Strukturen, alte Spitze, besticktes Leinen vom Trödler und Treibholzstücke, die ich im Urlaub am Meer zusammengetragen habe. Mein Tipp: Wenn Sie Ihre Motive zu einem Bild arrangieren oder für ein Textilkunstwerk verwenden wollen, ist es eine ausgezeichnete Idee, ein paar zusätzliche Elemente zu sammeln, mit denen Sie Ihrem Werk Tiefe, Detailreichtum und Struktur verleihen können.

WEITERE TECHNIKEN

Lassen Sie sich inspirieren!

Obwohl ich mich überwiegend von meinem Garten inspirieren lasse, finde ich auch an anderen, oft überraschenden Orten Anregungen zum Arrangieren von Häkelmotiven und zum Gestalten von Collagen.

Inspirationsquellen

Wie Sie die Häkelmotive verwenden, liegt ganz bei Ihnen. Das Ergebnis kann komplett anders aussehen als die Collagen in diesem Buch. Hier ein paar Tipps, wo Sie Anregungen für eigene Arrangements finden könnten. Die Inspiration wartet überall! Die Welt der Natur ist voll von Möglichkeiten – ob Sie nun ein paar Wildblumen auf Ihrem Spaziergang entdecken oder das wundervoll gefärbte Herbstlaub bewundern. Aber auch abseits der Natur stoße ich oft auf ansprechende Farbschemata, Blumenarrangements und Muster auf Kunstwerken oder dekorativer Keramik, die mich beim Anordnen der Motive zu einer Collage inspirieren. Auch schöne Blütenstickereien beeinflussen mich manchmal. Sogar Dinge wie Tapeten, Geschenkpapier, farbenfroh bedruckte Stoffe und hübsches Briefpapier können eine Quelle kreativer Inspiration sein. Wenn Sie also das nächste Mal einen Ausflug in die Natur machen oder sich in Geschäften, Kunstgalerien oder auf Flohmärkten umsehen, machen Sie am besten ein paar Fotos oder Notizen.

Häkelmotive kreativ verwenden

Ich hoffe, meine Collagen liefern Ihnen eine Fülle an Ideen und Inspiration für Ihre eigenen Häkelbilder. Sie können jede Collage eins zu eins nacharbeiten oder meine Arrangements abwandeln, indem Sie die Motive in Ihrem eigenen Farbschema häkeln. Die Elemente können auf vielerlei Weise kombiniert werden, sodass sich eine grenzenlose Vielfalt an Arrangements ergibt. Sie können beispielsweise Elemente aus verschiedenen Collagen herauspicken und zu Ihrer eigenen einzigartigen Kombination aus Ihren Lieblingsblumen und -blättern zusammenstellen.

Es gibt aber auch viele andere Möglichkeiten, diese Sammlung von Häkelmotiven zu verwenden. Sie könnten ein Jahreszeiten-Arrangement gestalten und in einem tiefen Rahmen als textiles Kunstwerk präsentieren oder die Motive zu einem Wandbehang farblich passend zu Ihrer Einrichtung anordnen. Die Häkelteile könnten auf eine einfarbige Kissenhülle, eine Einkaufstasche aus Baumwollstoff oder Kleidungsstücke und Mützen appliziert werden. Sie lassen sich aber auch für wunderschöne Grußkarten einsetzen oder bilden das Tüpfelchen auf dem i auf einer außergewöhnlichen Geschenkverpackung. Ich spiele gern mit meiner Schachtel voller Blumen und Blätter, um ein flüchtiges Kunstwerk zu schaffen. Diese achtsame und entspannende Beschäftigung lässt mich für einige Momente Raum und Zeit vergessen.

Wofür auch immer Sie sich entscheiden – ich wünsche Ihnen viel Spaß beim Experimentieren!

LASSEN SIE SICH INSPIRIEREN!

Die Autorin

Nach ihrem Abschluss in Geografie an der Universität Durham unterrichtete Chris Norrington mehrere Jahre lang an Grundschulen. Da sie sich seit jeher für Handarbeiten interessiert hatte, gründete sie ihr eigenes Unternehmen mit dem Namen „Chris made this" und verkaufte handgefertigte Geschenke online und auf Kunsthandwerksmessen, als ihre beiden Kinder erwachsen waren. Inzwischen konzentriert sie sich darauf, ihre eigenen Häkeldesigns zu entwerfen und ihre bunten Kreationen in den sozialen Medien zu teilen. Einige von Chris Norringtons Häkelarbeiten wurden bereits in verschiedenen Kollektionen auf der Londoner Modewoche gezeigt.

Neben dem Häkeln und der Gartenarbeit geht Chris gerne wandern, liest, strickt, fotografiert und betreibt Yoga. Sie lebt mit ihrem Mann in North Yorkshire.

Chris Norringtons kreative Arbeiten und ihren Garten sehen Sie auf Instagram unter **@chris.made.this** und **@tales.from.north.end** sowie auf Facebook unter **Chris made this**.

Dank der Autorin

Mein erstes Buch zu schreiben war ein unglaublich aufregendes Abenteuer, das ich sehr genossen habe. Ich bin sehr dankbar, dass ich die Gelegenheit dazu bekommen habe, und danke Sarah und dem gesamten Verlagsteam für all ihre Hilfe und Unterstützung während des Prozesses.

Darüber hinaus danke ich meiner Familie und meinen Freunden für ihre Ermutigung und ihren Enthusiasmus für meine kreativen Unternehmungen, insbesondere meiner Mutter, meinem Vater und meinen Kindern Tom und Becky für ihre Liebe und Unterstützung. Becky, die selbst Künstlerin ist, hat mich unendlich ermutigt und beraten. Ihr verdanke ich das Gefäß für die Collage „Terrakotta-Topf". Außerdem hat sie mir einige ihrer eigenen Kunstwerke für das Foto am Anfang des Abschnitts über Techniken zur Verfügung gestellt.

Ich hätte das Buch jedoch nicht fertigstellen können ohne die Liebe und Unterstützung meines Mannes Paul, der mir die Zeit und den Raum zum Arbeiten gegeben hat, mich mit zahllosen Tassen Kaffee und köstlichem Bananenbrot versorgt hat, um mich auf Trab zu halten, und der sich nicht beschwert hat, als sich das Haus nach und nach mit Häkelblumen füllte.

Register

A
Abkürzungen 116
Apfel 94, 96, 99
Apfelblüte 24, 27, 31

B
Bauerngarten (Collage) 34–43
Beeren 104, 106–7, 109–10
Blätter 17, 22–23, 26, 30, 36–39, 42, 44, 46, 50, 56–57, 59, 63, 66, 71, 76–77, 80, 83, 86, 92–93, 96–99, 101, 103–104, 107, 113
(siehe auch Farn und Efeu)
Blumenwiese (Collage) 64–73
Blüte 24, 27, 31
Büschelmaschen 120

C
Clematis 44, 46
Collagen
– Bauerngarten 34–43
– Blumenwiese 64–73
– Feldblumenstrauß 84–93
– Frühlingserwachen 24–33
– Herbstkranz 94–103
– Mittsommertraum 54–63
– Nostalgisches Blau 44–53
– Terrakotta-Topf 74–83
– Waldfreuden 14–23
– Winterzauber 104–113
Cosmea 54, 57, 58

D
Doppelstäbchen 119
Dreifachstäbchen 119

E
Echinacea 64, 67, 68
Efeu 14, 16, 18
Eisenkraut 64, 67, 69

F
Fadenenden vernähen, viele 123
Fadenring 117
Farbverlaufsgarn 123
Farbwechsel 40
Farn 14, 17, 21
Feldblumenstrauß (Collage) 84–93
Fenchel 54, 57, 63
feste Masche 118, 119
Flechte 14, 17, 22
Frühlingserwachen (Collage) 24–33

G
Garn 10–11, 123
Gefäße 24, 27, 33, 46, 53, 84, 86
Geranium 74, 76, 78
Glockenblume 34, 37–8
Gräser 64, 66, 67, 73

H
Häkelmaschen 117–120
Häkelnadeln 11
halbes Stäbchen 118
Haselkätzchen 24, 26, 32
Helenium 94, 97, 101
Helleborus 14, 16, 20
Herbstkranz (Collage) 94–103
Holzapfel 94, 96, 99

I
Immergrün 44, 46, 52
Inspiration 124–125

K
Kätzchen 24, 26, 32
Kettenstich 117, 121
Kettmasche 117
Knötchenstich 121
Kornblume 84, 87, 90

L
Lenzrose 14, 16, 20

M
Maiglöckchen 44, 47, 49
Malve 34, 36, 40
Margerite 34, 37, 39, 84, 86–88, 92
Margeritenstich 121
Maschen 117–120
Maßstab 11
Material 10–11
Mistel 107, 109
Mittsommertraum (Collage) 54–63

N
Nostalgisches Blau (Collage) 44–53

O
Osterglocke 24, 27, 29

P
Päonie 34, 37, 43
Pfingstrose 34, 37, 43
Pilze 14, 17, 19, 94, 96, 100
plastische Motive 123
Popcorn 120
Primel 14, 17, 18

R
Ringelblume 74, 77, 80, 81
Rose 34, 36, 41
Rückstich 121
Rudbeckia 64, 66, 67, 71
Rundenschluss, unsichtbarer 120

S
Samenstände 44, 47, 51, 84, 87, 90
Schleifenblume 44
Schmuckkörbchen 54, 57, 58
Schneeglöckchen 16, 20
Skabiose 44, 46, 48
Sonnenblume 94, 97, 103
Sonnenbraut 94, 97, 101
Sonnenhut 64, 67, 68
Spannen 122
Spannstich 121
Stäbchen 118
Stängel 122
Stärken 122
Stickstiche 121
Stockrose 34, 36, 40
Stockschwämmchen 14, 17, 19, 94, 96, 100
Storchschnabel 74, 76, 78
Struktur 123

T
Techniken 115–123
Terrakotta-Topf (Collage) 74–83
Traubenhyazinthe 24, 27, 28

V
Veilchen 14, 16, 19
Verbene 64, 67, 69
Vergissmeinnicht 24, 26, 28

W
Waldfreuden (Collage) 14–23
Weidenkätzchen 24, 26, 31
Werkzeug 10–11
Winterzauber (Collage) 104–113

Z
Zeichenerklärung 116
Zierstiche 121

Titel der Originalausgabe: *Crochet Collage Garden*
Zuerst veröffentlicht 2023 in Großbritannien und den USA von David & Charles Ltd, Suite A, Tourism House, Pynes Hill, Exeter, EX2 5WT, UK

Text and Designs © Chris Norrington 2023
Layout and Photography © David and Charles, Ltd 2023

Chris Norrington has asserted her right to be identified as author of this work in accordance with the Copyright, Designs and Patents Act, 1988.

Deutsche Erstausgabe

Copyright der deutschen Übersetzung: © 2023 Weltbild GmbH & Co. KG, Ohmstr. 8a, 86199 Augsburg
Übersetzung und Redaktion der deutschen Ausgabe: Helene Weinold, Violau
Satz: Joe Möschl, München
Umschlaggestaltung: Maria Seidel, Teising
Illustrationen: Kuo Kang Chen
Fotos: Jason Jenkins, Chris Norrington

Printed in China

ISBN 978-3-8289-4048-2

Alle Rechte vorbehalten. Kein Teil des Werkes darf in irgendeiner Form (durch Fotokopie, Mikrofilm oder ein ähnliches Verfahren) ohne die schriftliche Genehmigung des Verlages reproduziert oder unter Verwendung elektronischer Systeme verarbeitet, vervielfältigt oder verbreitet werden.

Besuchen Sie uns im Internet:
www.weltbild.de